Karl Leberecht Immermann, Wilhelm Buchholz

Alexis

Drama

Karl Leberecht Immermann, Wilhelm Buchholz

Alexis
Drama

ISBN/EAN: 9783743635494

Hergestellt in Europa, USA, Kanada, Australien, Japan

Cover: Foto ©Thomas Meinert / pixelio.de

Weitere Bücher finden Sie auf **www.hansebooks.com**

Alexis.

Drama von Karl Immermann.

In freier Bearbeitung

für die Bühne in fünf Aufzügen

von

Wilhelm Buchholz.

Mit einem zu diesem Drama componirten Männerchor

von

Mendelssohn-Bartholdy.

Stuttgart.
Verlag der J. B. Metzlerschen Buchhandlung.
1885.

Personen.

Peter der Große, Czar von Rußland.
Alexis, sein Sohn,
Katharina, Peter's Gemahlin.
Eudoxia, Peter's frühere Gemahlin, unter dem Namen Helena im Kloster Susdal.
Fürst Alexander Menzikoff.
Oberst Gordon, ein Schotte, Peter's Begleiter.
Dosithei, Erzbischof.
Stefan Gleboff, General,
Alexander Kikin, Admiral,
Basil Dolgoruki, General-Lieutenant, } Bojaren.
Abraham Lapuchin, Eudoxien's Bruder,
Euphrosyne, Geliebte des Alexis.
Oberst Schepelew.
Claus Madsen, ein Däne.
Batuschka,
Sokoloff, } Bürger.
Casimir,
Iwan, } Bauern.
Grigori, ein Steuermann.
Zwei Matrosen.
Ein Page Menzikoff's.

Ein Diener Gleboff's.
Ein Reichsbote.
Bojaren. Soldaten. Bauern. Volk.

Ort der Handlung:
In und unweit Moskau und in Petersburg.

Zeit: Im Jahre 1718.

Erster Akt.

Ein freier Platz in Moskau. Im Hintergrund das Portal eines Klosters, zu welchem Stufen emporführen. Zu beiden Seiten der Bühne Baumgruppen. Es ist Abend.

1. Scene.

Batuschka. Sokoloff. Später Claus Madsen mit Volk.

Batuschka.
Und Du, Du selber glaubst es, Sokoloff?

Sokoloff.
Bin ich ein Narr, der nach Gerüchten schwatzt?

Batuschka.
Tod, sagst Du?

Sokoloff.
Tritt bei Seit', hier kommt der Schiffer,
Der ihn gefahren hat.

Claus Madsen tritt auf, umgeben von einem Volkshaufen; Männer und Weiber drängen sich neugierig an ihn heran.

Batuschka.
Nun redet, Schiffer!

Claus.
Ihr guten Russen, ach, warum muß ich
Euch diese schaudervolle Neuigkeit . . . .

Batuschta.
Erst sag' uns an: Wer seid Ihr, fremde Seele?

Claus.
Claus Madsen, Madsens Sohn aus Kopenhagen.
Von Kronstadt schickt mich Admiral Apraxin,
Zu melden Euch das Unglück Eures Czaren.
In Lübeck war's. Da schifften wir uns ein
Bei gutem Wind und Wetter. Jetzt versteht mich:
Im Finnenmeer, dort um das Eiland Oesel
Starrt es von Klippen, wie von einer Hechel.
Mein Steuermann, — er brenne in der Hölle —
Der steuert quer, der Lümmel war betrunken.
Auf einmal gibts 'nen Stoß und Alles fällt.
Ich — gucke über Bord . . . .

Sokoloff.
                Fielt Ihr nicht auch?

Claus.
Wer? Ich? Warum nicht gar.
                            Ich hätt' ja sonst
Nicht über Bord . . . .

Batuschta.
                Ihr bliebt alleine stehn?

Sokoloff.
Treib' keine Possen. Laß ihn auserzählen.

Claus.

Guck' also über Bord. Du heil'ger Niklas!
Wir sitzen fest auf einem Stück von Fels
Von Sandbank, oder sonst dergleichen Ding.
Da schreit es: Hilfe! Eine mächt'ge Faust
Streckt aus den Wellen sich. Zornrotgeschwollen
Taucht Eures Czaren Haupt empor. Lang fluten
Die aufgelösten schwarzen Haare nach. —
Er hatte spähend auf dem Deck gestanden
Und war von dem gewalt'gen Ruck im Nu
Geschleudert in die Tiefe. Eilig setzt' ich
Ein Boot mit sechzehn starken Kerlen aus,
Um ihn zu retten. Aber jählings warf
Der Wogenschwall das Boot zum Schiff zurück.
Ohnmächtig starrten wir ihm lange nach,
Bis in der Brandung er zuletzt verschwand.
Drei Tage fischten wir, jedoch umsonst. — —
(Einige im Volkshaufen weinen.)
Mich strafe Gott, und hol' der Teufel, sagt' ich
Ein Wort zu viel, zu wenig, oder falsch!

Batuschka.

Hm . . . .

Sokoloff.

Ja! So ist der Czar denn also todt.
(Dumpfes Gemurmel im Volke.)

Batuschka
(zu einem alten Manne im Volke:)

Was schluchzest Du, Iwaschka?

Sokoloff.
Ach, er weint
Um unseres Czaren Tod.
Claus.
Ihr guten Russen!
Ich alter Knasterbart hab' auch geweint,
Obwohl ich nur ein Däne bin. — Doch jetzt
Muß ich nach Haus. Gehabt Euch wohl, ihr Leute
(Claus Madsen geht, vom Volke begleitet, ab nach rechts.)

Sokoloff
(zu Batuschka):

Es überläuft mich kalt bei dem Gedanken,
Ein solches Quantum Wasser zu verschlucken;
Wie der nur ausgeseh'n im Todeskampfe!

Batuschka.
Ich bin begierig, was es geben wird. —
Sokoloff.
Ich denke: Knute.
Batuschka.
Schweig' von solchen Dingen!
Wir schwören Treu, wir Bürger, wenn die Herrn
Bojaren, Erzbischöfe, Bischöf', Äbte
Die Sachen abgemacht. Bis dahin Ruh'! —
Wie stehts mit Dir? Ich hab ein Fäßchen Quaß,
Vom besten, hab' auch Fische von der Wolga,
Der Imbiß soll Dir schmecken. Komm nur mit!
(Beide wollen abgehen.)

2. Scene.

Dolgoruki, Kikin kommen von rechts in Mäntel gehüllt. Die Vorigen.

Kikin
(zu Dolgoruki):
Dort steh'n zwei Bürger, die wir brauchen können.
(Zu Sokoloff):
Bist Du nicht Sokoloff, der Pferdehändler?

Sokoloff.
Zu Eurer Gnaden gnädigstem Befehl.
Ich küsse Eures Rockes Saum, Erlaucht.
(Er küßt den Rock von Kikin.)

Kikin
(zu Batuschka):
Und Ihr? Ihr heißt?

Batuschka.
Zeugschmied Batuschka, Herr,
Patentisirt vom Hof.

Dolgoruki.
Der Mann bleibt aufrecht;
Er muß ein Fremder sein.

Batuschka.
Aus Kexholm, Fürst.

Kikin.
Hier war ein Auflauf. Sprecht, was gab's?

Sokoloff.
(furchtsam)
Erlaucht,

Das Volk schrie durcheinander. Man vernahm
kein Sterbenswort.

Batuschka.
Wozu die Lüg'? Die Fürsten
Begehren es zu wissen. Hohe Herrn,
Der Czar ertrank im Finnenmeer. —

Dolgoruki.
Sankt Niklas,
Ein schwerer Schlag für's Volk!

Kikin.
Wer bracht' es aus?

Batuschka.
Der Schiffer, Herr, der unsern Czaren fuhr.

Kikin.
So muß man's glauben. Hört Ihr? Glauben muß
man's!
Verschließt die Häuser, gute Bürger, harrt
Des Ausgangs. Großes steht dem Volk bevor.
(zu Batuschka):
Kannst Du mir tausend Stück Gewehre liefern?

Batuschka.
Zweitausend, gnäd'ger Herr, wenn Ihr befehlt.

Kikin.
Bring' sie zu Stepanoff, dem Waffenmeister.
Ich zahle bar und auf der Stelle. Geht!
(Die beiden Bürger gehen ab.)

Dolgoruki.

Du bist zu rasch.

Kikin.

Und Du zu langsam mir.
Ich hab' von diesem Peter was gelernt.
Die Eile zwingt den Stärksten.

Dolgoruki.

Nun, was soll's?

Kikin.

Hast Du verschlafen diese zwanzig Jahre?
Verträumt die Not, den Druck, die Peinigung?
Verschmerzt die Kränkung und der Ehre Wunden?

Dolgoruki.

Ich bin ein Dolgoruki, und ich fühl's:
Der Atem des Tyrannen streift wie Nebel
Um unser armes Land. Doch hört' ich nie
Von meinen Ahnen, daß sie auf dem Markt
Gestürmt, getost.

Kikin.

Wer will dem Pöbel gleichen?
Im Stillen heißt es klug den Streich zu führen.
Es harren schon die Freunde — komm.

Dolgoruki.

Wohin?

Kikin.

Ei, zu Stefan Gleboff.

Dolgoruki.
Warum zu Dem?

Kikin.
Ihn brauchen wir; er kennt die Schlangenwege,
Ein Schüler und ein Meister der Verstellung
Und dennoch wahr in der Vasallentreue
Für die Czaritza.

Dolgoruki.
Welcher?

Kikin.
Kahler Scherz!
Es gibt nur eine Czarin und nur eine
Gekrönte Bauerndirne.

Dolgoruki.
Doch, was weiter?

Kikin.
Gleboff ist Freund, Vertrauter, Rath der Czarin.
Alexis will, was seine Mutter will,
Und unsere Gedanken, denk' ich, wandern
Nur eine Straße: über Kloster Susdal
Führt sie in's Haus des arggekränkten Sohns. —
Gleboff haß ich so sehr wie Du! Doch wenn
Der Kampf um Kronen geht, heißt's nicht: Wen
mag ich?
Es heißt: Wer kann uns nützen? Und Gleboff,
Das ist der Mann des Tages. Rasch zu ihm!

(Beide ab nach dem Hintergrunde links.)

3. Scene.

Gleboff und Claus Madsen kommen von rechts. (Gleboff in einen dunklen Mantel gehüllt. Die ganze Scene wird mit gedämpfter Stimme gesprochen.)

Gleboff.
Wie nahm das Volk die Nachricht auf?

Claus.
       Sie nahmen
Sie gar nicht auf.

Gleboff.
Wie das?

Claus.
    Die Lüge liegt
Noch auf der Straß', wo ich sie fallen ließ.
„Hm! So! und Ei!" war Alles, was ich hörte.
Sprach ich vom Wetter, macht's dieselbe Wirkung.

Gleboff.
Gut.

Claus.
Blos ein paar zerlumpte alte Weiber
Schrien, daß die Hunde an zu bellen fiengen:
„Daß Gott erbarm! So war die Prophezeiung
Von unsers Czaren bald'gem Tod doch richtig!" —

Gleboff.
Gut.

Claus.

Gut? — Mein gnäd'ger Herr, was ist da gut?
Ich dacht', Ihr hättet deshalb aus den Ketten
Mich losgemacht, in Schifferrock und Hose
Gesteckt, und auf mein leider zu bekannt
Gesicht den Hut gedrückt mit breiter Krämpe;
Ihr hättet deshalb mir . . . .

Gleboff.

Still! — Glaubten sie's?

Claus.

Beim heiligen Georg! Ich meine Denen
Könnt' man vorschwatzen, außer Rußland sei
Die Welt zu Ende, wie des Sünders Leben.
Ach ja, geglaubt ward's wohl!

Gleboff.

Da ist ein Beutel.
<small>(Dem Claus eine Börse zuwerfend.)</small>
Nimm den zum Lohn und mach' Dich aus dem Staub.
Verbirg Dich fern am Irtisch in der Wüste.
Du bist nun frei. Sieh Deine Wunden an,
Die Dir die Fessel rieb und denke stets,
Daß Galgen stehn in Rußland!

Claus
<small>(sich den Hals betastend.)</small>

Freilich! freilich!
Ich dank' für Deine Lehre Dir, Erlaucht,
Und werde sie befolgen. Meiner Treu!

Je wen'ger man zu leben wert, je mehr
Liebt man das Leben.
<small>(Er küßt den Mantelsaum des Gleboff und geht links ab.)</small>

4. Scene.

Gleboff allein. Später ein Diener.

Gleboff
<small>(dem Claus Madsen nachsehend.)</small>

Dieser lose Schelm
Ist nicht der dümmste Teufel, der mir dient.
Das Volk ist gut, hielt meine Probe aus.
Dann lohnt es sich zu leben, wenn das Los
Von Tausenden an Einem Tage hängt.
Ich hab' das Ungeheure kühn gewagt
Und will der Mann sein, es in's Werk zu setzen.
Heut ist der sechste Junius. Gegenwärtig
Ist Peter noch in Lübeck. Vierzehn Tage
Gehn auf die Fahrt nach Kronstadt. Dann verstreichen
Fünf Tage noch, bis uns die Kunde wird
Von seiner Ankunft. Also neunzehn Tage. —
Mehr brauchte Cäsar nicht, um Rom zu stürzen.
<small>(Gleboff wendet sich nach dem Portal des Klosters zu; sein Diener aus dem Hintergrunde von links kommend, tritt ihm eilig entgegen.)</small>
Was gibt es, Bursch?

Diener.

Herr, die Bojaren kommen.
Da sie in dem Palaste Euch nicht fanden,
Führt' ich sie her, im Kloster Euch vermutend.

Gleboff.

Ich will sie hier erwarten. Frag' indeß
Im Kloster an, ob Schwester Helena
Von Susdal angelangt? Ich muß sie sprechen.

Diener.

Da kommen sie.

Gleboff.

Thu, was ich Dir befohlen.

Diener.
(Tritt an das Portal des Klosters, welches geöffnet wird und sich hinter ihm schließt.)

Gleboff
(nach dem Hintergrund links sehend, von welchem die Bojaren kommen.)

Ein wackrer Haufen. Eine Heerde, die
Des Hirten noch bedarf.

5. Scene.

Voriger. Kikin, Dolgoruki, Capuchin, der Erzbischof und Bojaren kommen von links und gehen auf das Kloster zu. Kikin, den General Gleboff bemerkend, der mehr im Vordergrund steht, sagt:)

Kikin.

Da ist Gleboff.

Mein Fürst, wir suchen Dich!
(Alle versammeln sich um Gleboff.)

Gleboff.

An diesem Ort?
Was führt Euch her zu solcher späten Stunde?

Erzbischof
(sehr alt und würdevoll).

Der Zeiten Not drängt uns zu raschem Handeln.
Durch Moskaus Gassen läuft mit Feuerschnelle
Die Trauerkunde: Unser Czar ertrank.

Gleboff.

Hochwürd'ger Herr! Ihr habt's ja prophezeit.

Erzbischof.

Unsel'ge Ahnungsgabe! Stirbt ein Fürst,
Versammeln sich des Reichs geborne Pfleger
Gemeiner Wohlfahrt halber. Darum sind wir
Vereinigt. — Wir entschlossen uns, auch Dich
In unsern Rat zu zieh'n.

Gleboff.

    Ihr? Mich? — Recht gut.
Indeß .... ich bin nur General des Czaren
Und Menzikoff verwaltet loco Regis
Mit Katharina dieses Land. Sie sind
Die treuen Hüter seines höchsten Willens.

Kikin
(auffahrend).

Katharina! Menzikoff!

Gleboff
(kalt).

    Zu ihnen geht
Und fragt, was der, wie's heißt, ertrunk'ne Czar
In casum mortis angeordnet!

Alexis.   2

Kikin.

Kommt!
Bojaren, auf!
(Alle wenden sich zum Abgehen.)

Gleboff.

Halt, einen Augenblick!

Kikin.

Was willst Du noch?

Gleboff.

Seid Ihr um Possen hier?
Ich weiß, Ihr liebt mich nicht. Das thut auch nichts.
Doch denkt einmal: Ich red' als Freund zu Euch.
Ihr habt die Freiheit, geht den eignen Weg,
Verbündet Euch und wirkt, daß unsre Kraft
Statt nach dem Ziel zu dringen, wie ein Kernschuß,
In unglücksel'ger Spaltung sich zersplittre.
Doch glaubt, Ihr lieben Herrn, das Eine wird
Eintreffen sicher, wie Dezemberschnee:
Den Kopf bringt Ihr aus diesem Kampf nicht heim!
(Die Bojaren sehen sich alle betroffen an.)
Besinnt Euch drum. Thut's Euch zu lieb, nicht mir!
Ihr seid die Häupter Rußlands, seid die Ersten!
Allein bedenkt: Ihr seid es erst — nach mir!
Ich bin der Reif, der Euch zusammenhält.

Kikin.

Wenn Du es ehrlich meinst —

Gleboff.

Bei meinem Stamm!
Ich mein' es um der Sache willen ehrlich.
Was wollt Ihr? Herrschen?! Herrschen will auch ich.
Und dieses Reich, denk' ich, ist groß genug.
Die Russen stehn zu uns. Die Andern sind
Glücksritter oder eingedrungne Fremde.
Nur mit Gemeinem schloß der Czar ein Bündniß;
Er nahm den niedern Staub und formte d'raus
Gewalt'ge Untergötter!
Weil Alexander Menzikoff so gut
Pasteten buk, war er nach dem Geschmack
Des großen Mann's und ist ein Fürst. Und weil
Sein Bauernliebchen schöne Augen hatte,
So taugten sie — zum Leitstern für das Reich.

Kikin.
Tod diesem Menzikoff!

Lapuchin.
Tod Kathrinen!

Erzbischof.
Sei unser Haupt, Gleboff, sei unser Führer!

Alle.
Gleboff, sei unser Führer!

Gleboff.
Hört mich an!
Wir sind gekränkte Fürsten. Um den Thron
Des Rurik wuchern Pilze. In dem Kreml

Lebt unsere Hoffnung, der Bojaren Freund!
Gehaßt, weil er uns liebt, beschimpft, weil er
Uns Ehre gönnt! Hochherzige Bojaren,
Folgt zu Alexis mir!

(Alle wenden sich zum Gehen. In diesem Augenblick erscheint Eudoxia in
Klostertracht in dem Portal des Klosters. Das Portal ist vom Mondlicht
erhellt.)

6. Scene.

Eudoxia. Die Vorigen.

Kitin.

Ha, die Czaritza!

Gleboff
(mit gemachtem Erstaunen).

Was? Wie?
(Sich an Eudoxia wendend, welche langsam die Stufen herabkommt.)
Wo kommst Du her?

Eudoxia.

Aus meiner Gruft.

Erzbischof.

Was suchst Du hier?

Eudoxia.

Ein Reich und eine Krone.

Gleboff
(zu den Bojaren).

Folgt zu Alexis mir!

Eudoxia.

Hört seine Mutter!

Erzbischof.
Hört sie nicht an!

Gleboff
(zum Erzbischof):
Du bist gewaltig kühn.
(Zu Eudoxia):
Sprecht, hohe Frau!

Eudoxia
(tritt in den Kreis der Bojaren).
Hört mich, Bojaren! Bin ich überflüssig,
Wenn Rußlands Fürsten dieses Landes Leid
Erwägen? Nennt Ihr ein Gebäude fertig,
Bevor der Giebel ward gefügt? Was habt Ihr?
Grundsteine nur! Die Spitze fehlt dem Turm.
Was seid Ihr ohne mich? Was littet Ihr,
Das Euch das Schicksal nicht vergelten könnte?
Mein Leiden ist ein unerschöpfter Born,
Mein Schmerz ist eine ew'ge Qualenwunde.
Ihr seid Vasallen in dem Reich der Trübsal,
Ich aber bin die Königin des Jammers!
(Sie verhüllt das Angesicht in ihrem Schleier.)

Kikin.
Welch edles Weib!

Dolgoruki.
Unmenschlich hat der Czar
An ihr gehandelt.

Lapuchin
(zu Eudoxia).
Um die Buhlerin
Verließ er Dich, ein pflichtgetreues Weib!

Eudoxia.

In Nacht und Tod die Czarin um die Dirne?
Und solche Unthat hat zwölf Jahre lang
Die Erde Gottes und das Volk getragen?
Um eine Katharina: Ich, die Tochter
Vom Stamm der Lapuchin, durch's Sakrament
Geweihet als sein Fleisch: Ich, die Gekrönte!
Stirb Seele hin, du trägst die Schmach nicht mehr!
(Sie wankt. Gleboff unterstützt sie.)

Gleboff.
(Führt Eudoxia nach dem Kloster zu.)

Kommt, Ihr seid krank, und kränker, als Ihr meint.

Kikin
(zu den Bojaren):

Schützt sie mit Eurem Schwert!

Dolgoruki.

Heil unsrer Czarin!
Heil Dir, Eudoxia!

Die Bojaren.

Heil Dir, Eudoxia!
(Gleboff bleibt mit Eudoxia stehen und wendet sich zu den Bojaren.)

Gleboff.

Bojaren! Eure Meinung hat entschieden
Für die Czaritza. Wartet nun gelassen
Zu welchem Schritt die Czarin sich entscheidet.
Ihr seht den Jammer dieser armen Frau!
Stärkt Euren Anhang. Ist der Czar auch tot,
Noch leben Katharina, Menzikoff

Und Viele leben, deren Glück im Boden
Der neuen Dinge Wurzeln trieb. Sie Alle
Sind unsere Feinde, heiße nun die Losung:
Sohn oder Mutter: Wacht und rüstet Euch!
(Alle gehen ab nach dem Hintergrunde, wo sie aufgetreten. — Gleboff führt
Eudoxia die Stufen zum Portal wieder herab.)

7. Scene.
Gleboff und Eudoxia.
(In Mondbeleuchtung.)

Gleboff,
(nachdem Alle abgegangen):

Du hast gesiegt, Du hast ihr Herz gerührt!
Bist Du jetzt endlich bei Dir selbst? Kannst Du
Gefaßt ein ernstes Wort vernehmen?

Eudoxia.

Ja!
Ich bin gefaßt. Was plant Dein Geist?

Gleboff.
(Eudoxia etwas mehr vorführend.)

Heut Abend
Versammeln sich die Häupter bei Alexis.
Dann trittst Du feierlich in Klostertracht
Mit Rußlands Herrscherkrone vor den Sohn;
Beugst ihm das Knie, und rufest in Begeisterung:
Bojaren, huldigt Eurem **wahren** Herrn!
Heil unserm Czar Alexis Romanow!
Ich sorge für das Übrige.

Eudoxia.

Bin ich
Denn nicht mehr da? Warum denn meinem Sohn,
Die mir allein gebührt, die Krone?

Gleboff.

Weil Er
Die Stimmen all' besitzt, sobald die Deine
Mit in des Jünglings Wage fällt. Weil uns
Furchtbare Not einmütig rasches Handeln
Gebietet; weil der Sinne Spaltung uns,
Die mind'ste Zög'rung in den Abgrund stürzt;
Weil —

Eudoxia.

Weil — Du stockst?

Gleboff.

Eudoxia, ich muß
Ein großes Wort Dir sagen . . . ,

Eudoxia.

Sprich!

Gleboff.

Ich wag'
Das Heil der Sache.

Eudoxia.

Weil?

Gleboff

(sie bei der Hand nehmend, sich dicht zu ihr neigend.)

— Der Czar noch lebt!

Eudoxia
(ihn eine Weile starr ansehend. Die Mondstrahlen beleuchten ihre Züge.)
(mit unterdrückter Stimme):

Er lebt!? —

Gleboff.

Er lebt. Sei stark. Beweise Dich
Als sein gewes'nes Weib, und fürchte nicht,
Den Alle fürchten. Hör' mich an. Die Memmen
Sie hätten nichts gewagt an dem Lebend'gen.
So bannt er alle Geister zauberisch.
Drum hab' ich ihn getötet mit dem Munde!
Nun atmen sie, nun wagen sie den Arm
Zu regen. Und bevor sein mächt'ger Fuß
Auf Rußlands Boden tritt, ist umgewandelt
Die Form des Reichs, sind Volk und Truppen schon
In Eid und Pflicht genommen, und Verzweiflung
Wird die Bojaren in dem Kampfe stärken,
Der uns bevorsteht. Es gilt Haupt und Leben
Für Jeden dann. Unrettbar blos gestellt
Hat Jeder sich.

Eudoxia
(die ganz in Sinnen verloren.)

Er lebt! — —

Gleboff.

Ich hab's gesagt — — Werd' ich's bereuen?

Eudoxia.
(Mit Hoheit.)

Was sagst Du da? Kennst Du Eudoxia nicht?
Er lebt! Nun jauchze Herz! Es trägt mich fort
Gleichwie auf Adlerschwingen über Trümmer!
Ich wähnt' ihn tot, da mußt' ich wohl verzweifeln;
Nur seinem Schatten sandt' ich eitlen Haß
Ohnmächtig nach in's nie erreichte Haus
Der ew'gen Finsternis! Er l e b t! Ich kann
Ihn in Gedanken morden, martern! Was
Lebendig, steht in dem Bereich der Rache.
Jetzt schöpf' ich Luft, jetzt hoff' ich schöne Tage.
Ich lieb' mein Leben, Czar, weil Du noch l e b st!
(3u Gleboff):
Zum letzten Mal vermummt mit Kreuz und Schleier
Erwart' ich Dich.

Gleboff.
                  Und ich will unverweilt
Den Czar berufen, der uns taugt!

Der Vorhang fällt schnell.

Zweiter Akt.

Großer Saal. In der Mitte sind Flügelthüren. Die Fenster sind geöffnet;
Gegenüber den Fenstern eine Seitenthüre.

1. Scene.

Alexis sitzt an einem Fenster in einem Lehnsessel. Euphrosine auf
einer Fußbank neben Alexis.

Euphrosine
(in ländlich russischer Nationaltracht.)

Ihr seid nicht offen gegen mich, mein Prinz.
Was wollte gestern denn Fürst Menzikoff
Noch in der Nacht?

Alexis
(verlegen.)

Ich weiß von Nichts, mein Mädchen.

Euphrosine.

Ich hab im Mondschein deutlich Euch geseh'n.
Des Fürsten Auge rollte wild, er rief:
Folgt mir nach Petersburg! Ihr aber kehrtet
Ihm stolz den Rücken.

Alexis.
Ich? Das that ich nicht.

Euphrosine.
Nun freilich thatet Ihr's. Ihr blicktet kühn,
Die Hand am Säbel, Zornesblitze werfend,
Doch voller Hoheit — ach, recht wie ein König.
Ich hätt' die Hand Euch küssen mögen.

Alexis.
Mädchen,
Du fabelst. Ich ein König und ein Held?
Dich hat ein Traum geneckt.

Euphrosine.
Ein Traum? Ihr scherzt.

Alexis
(bitter.)
Es ist ja auch in Rußland lust'ge Zeit.

Euphrosine.
Ihr seid heut launenhaft — gesteht es nur.
Mich quält die Sorge, Prinz. Der feige Fürst,
Entsetzt vom Aufruhr, bangte um sein Leben
Und wollte Euch nach Petersburg entführen.
Ich ahne seine Absicht nicht, doch Gutes
Trägt niemals er im Sinn. O hütet Euch
Vor diesem falschen Mann!

Alexis.
Beruh'ge Dich.
So denkt mein Vater nicht von Menzikoff.

Denn dieser Bube Rußlands ward vom Czaren
Gesetzt zum Hüter seines blöden Sohns!
Der Ehre Schmähung fühlt der Edle nur,
Ein niedrer Sinn bleibt davon unberührt.
Und ich, den sie Gemeines blos gelehrt,
Ich hätte wider die Natur den Mut
Gehabt, dem mächt'gen Menzikoff zu trotzen?

Euphrosine
(heftig aufspringend.)

Ihr sollt nicht Eurer spotten!

Alexis.
(aufstehend).

Holde Bosheit!
Ich bin kein Stoff, aus dem man Helden macht.
So sagt der Czar, ich sag's dem Czaren nach,
Der Czar hat immer recht.

Euphrosine.

Ihr seid kein Sklav,
Kein niedrer Schwächling, den ich nie geliebt.
Doch lieb' ich Euch, und er ist Euer Feind!
Wer sagt, daß Ihr ein Sklav, ein Feigling seid?

Alexis.
Mein Vater, der den Sohn doch kennen muß!
Ich will's Dir auch beweisen. Sieh, den Czaren
Ergreift Gelüst, dem Türken was auf's Haupt
Zu geben, der in Stambul nickt und träumt
Und gern in Ruhe wär. Flugs wird getrommelt
Nach Süden zu. Fünfhundert Feuerschlünde

Sie donnern Schreck ins Herz dem Padischah.
Ist's dort vorüber, kitzelt es den Czaren,
Dem Schwedenkönig ein Stück Land zu nehmen.
So gibt es Schlacht auf Schlacht und Sieg auf Sieg
Und Orden für die Tapfern. Mich, mein Mädchen,
Hat nie die Trommel in das Feld gelockt.
Lorbeern von ihm! O Pfui! Bei Sankt Georg!
Riß auch der Czar die Sterne selbst vom Himmel,
Thät' er Unmögliches und schenkte mir
Sein halbes Reich für meinen ersten Sieg,
Mich lockte dennoch dieser Kampfpreis nicht!
Da frag' ich Dich, ob das nicht Feigheit ist?
(Bei den letzten Worten fällt ein Schuß durch das offene Fenster. Alexis ist
schon vorher in die Nähe des offenen Fensters gegangen. Euphrosine stürzt
mit einem Schrei an seine Brust.)

Alexis
(sie in seinen Armen haltend, nach einer kleinen Pause):

Bist Du verletzt?

Euphrosine
(sich langsam aufrichtend.)

O Gott!

Alexis.

Doch nicht verletzt?

Euphrosine.

Prinz, was war das??

Alexis.

Ein Schuß, mir zugedacht —
Von einem Dienstbeflissnen Menzikoff's! —
Du bist doch wirklich nicht verletzt?

Euphrosine.

Nein, nein!
Doch meine Glieder zittern.

Alexis
(sie zu einem Sessel führend.)

Zarte Heldin!

Euphrosine
(lehnt mit dem Haupt an Alexi's Brust.)

Dein Herz, wie schlägt es ruhig!

Alexis.

Soll's mir klopfen?

Euphrosine.

Bist Du denn nicht erschrocken?

Alexis.

Ich? Wovon? —
Ach so, der Schuß!

Euphrosine.

Dich wollten sie ermorden!
O du mein Herz, Dich, Dich! O die Verworfnen!
Wie endet dies?

Alexis.

Was soll denn noch gescheh'n?
Das Schreckliche liegt hinter mir. Die Kugel,
Nun ja, sie hätt' mich treffen können. Selig,
Beglückt durch Deiner Augen milden Tau,
Hätt' ich dann ausgeruht. — Sie flog vorbei.

Was wäre noch zu fürchten, gutes Kind?
That nicht ihr Äußerstes die Wut an mir?
Ward ich nicht abgesperrt von meinen Freunden,
Bewacht, gehegt wie ein gefährlich Wild?
Wann sah ich einen Menschen? Wann? Ward nicht
Die eigne Mutter selbst vom Sohn getrennt,
So oft er auch begehrt, die liebe Hand
Zu küssen, die des Knaben schwachen Schritt
Gestützt. O meine Mutter! Euphrosine!
Zwei Menschen lieb' ich noch auf dieser Welt,
Dich und die Mutter! Jeder Strohhalm ist,
Den Eure Finger rührten, heilig mir.

Euphrosine
(aufstehend.)

Geliebter Freund!

Alexis.

Und doch, hör mich, mein Mädchen,
Ich hab' Dir lang was sagen wollen. Heut
Ist's neu emporgeregt.

Euphrosine.

Was meint Ihr, Prinz?

Alexis.

Ich bitt' Dich, liebe Euphrosine, zürne
Mir nicht, thu' ich Dir weh.

Euphrosine.

Wie seid Ihr nur?
Was wandelte Euch an?

Alexis.
(Tritt zu Euphrosine und berührt ihr Haupt.)

Senk' Deine Augen!
Seh' ich in die, vermag ich's nicht zu sagen. —
(Sich von ihr abwendend.)
Du mußt mich heute noch verlassen!

Euphrosine
(erschrocken.)

Prinz!

Alexis.
(Sich wieder zu ihr wendend und sie bei den Händen fassend.)

Du mußt mich heute noch verlassen, Mädchen! —
(Bittend):
O schweig' und blick' nicht auf. — Als ich Dich fand
In Deiner Fischerhütt' am Meeresstrand,
Da dacht' ich mir: Die Perle will ich fassen
In's Diadem, daß sie der Neid der Stolzen,
Die Lust der Guten sei, des Herrschers Wonne.

Euphrosine
(mit überwallendem Gefühl.)

Alexis!

Alexis.

Wünsche waren's, luft'ge Wünsche!
Ich wollte Dich erhöhn, das konnt' ich nicht;
Erniedrigt Dich zu seh'n, das trag' ich nicht,
Und blos für Schäferspiele taug' ich nicht.
Drum ist's bei mir entschieden! Geh', verlaß mich,
Kehr' wieder heim zum fernen Meeresstrand,
Wo Deine Hütte steht! Dort birg Dich, Liebe,

Und harr' ein Weilchen! Bald, bald kommen Träume,
Trostreiche Träume Dir, vom großen Prinzen
Alexis, der in Macht und Herrlichkeit
Sitzt auf der Väter Thron; und wenn der Traum
Zur Wahrheit wird, dann hol' ich Dich, mein
Mädchen.
(Er umfaßt sie.)
Willst Du wohl wandern gehn, daß bald so schöne,
So sanfte Träume kommen?
(Es wird Abend.)

Euphrosine.

Mich verlangt
Nach Träumen nicht, mir ist das Wachen süß.
Ich fühl's, ein Gärtlein nur ist meine Liebe
Und kann Dir eine Krone nicht ersetzen.
Doch Alles, was darinnen sproßt und blüht,
Das blüht und sproßt allein für Dich, Geliebter.
Du mußt, mein stolzer Prinz, dem stolzen Ding
Schon seine Laune lassen. Lebe wohl!
Wir sehn uns wieder einst.
(Alexis küßt Euphrosine, die dann mit einer ihm noch zuwinkenden Handbewegung durch die Seitenthür abgeht.)

2. Scene.

(Alexis allein.)

O süße Liebe!
Noch vor dem Kampfe reichst Du mir den Preis,
Und gießest einzig holde Lebensfreude

In diese sehnend aufgethane Brust. —
<small>(an das Fenster tretend und gegen den Himmel blickend.)</small>
Du Bild dort in den Lüften, goldne Krone!
Du schimmerst göttlich lockend, halte Stand!
O bleib', Phantom! Wer sagt, daß ein Alexis
Zu herrschen unwert?
<small>(Er geht in den Hintergrund zu dem Getäfel, in welches der Schuß gedrungen ist.)</small>
       Mörderische Kugel,
Du hättest hier
<small>(auf seine Brust zeigend)</small>
    nicht lauter Tand getroffen.
Käm' heute der Tartar vor Moskau's Thor,
Er sollt' erfahren, daß der Stuhl des Rurik
Besetzt von einem Czaren! — — Wahn und Schaum!
Hier steht der Knabe wie ein leerer Prahler
Und schwatzt von großen Thaten. Armer Thor!
<small>(Er hält die Hände schmerzlich vor das Gesicht gepreßt und ist in den Sessel gesunken.)</small>

3. Scene.

<small>Die Flügelthüren öffnen sich; man sieht eine erleuchtete Vorhalle. Eudoxia steht in Klostertracht, mit langem Schleier in der Mitte, umgeben von Gleboff, Dolgoruki, Kikin, dem Erzbischof, welcher auf einem Kissen eine Krone trägt. Viele Bojaren. Pagen mit Lichtern. Die Bühne wird ganz erhellt. Alexis.</small>

Eudoxia
<small>(vortretend.)</small>

Mein Sohn!

Alexis

(springt vom Sessel auf, eilt seiner Mutter einige Schritte entgegen, dann
überrascht stehen bleibend):

Täuscht mich ein Blendwerk? Hat das Reich
Der Unterwelt begonnen? Schickt das Grab
In unsre Wüstenei Gesellschaft? Fort!
Ich kann den Götteranblick nicht ertragen!
(Wendet sich ab.)

Eudoxia.

Mein Sohn — ermanne Dich, es ist kein Wahn.
Komm her zu uns, sei dieser Fürsten König!
Die Todten stehen auf, die lebten, starben.
Ich bin die Mutter,
(auf die Krone zur Rechten deutend)
das ist Ruriks Reif!

Alexis

(noch ganz verwirrt.)

Du bist die Mutter, das ist Ruriks Reif!

Eudoxia.

Du bist verwirrt, mein Sohn — was zweifelst Du?
Die Seherin erstand, glaub' ihrem Wort.
Zwei Geister gehen um: der Haß, die Liebe.
Die Liebe ruft im ganzen Volk: Alexis!
Und wen der Haß ruft, brauch' ich nicht zu sagen.

Alexis.

Aus deiner Rede strahlt es wie ein Glanz,
Der noch das lichtentwöhnte Auge blendet.
Lebt denn Czar Peter nicht? Hab ich dem Thron

Mit einem Schwur besiegelt nicht entsagt,
Wenn er gewaltsam auch mir abgezwungen?

Eudoxia.

Uns ward die Kunde von des Czaren Tod.
Das Meer verschlang den übermüth'gen Herrscher,
Und dumpfem Zwang entsteigt verjüngt das Reich!

Alexis.

Wenn in der Wage noch ein Zweifel läge,
Schnellt in die Luft ihn, Mutter, Euer Wort.
Die Thronentsagung, die dem einst Bedrängten
Unmenschlichkeit entrungen hat, sie soll,
Ich schwör's an diesem heil'gen Tag, mich nicht
Des angestammten Ahnenrechts berauben.
Der Willkürherrschaft ward ein Ziel gesetzt!
Verbannen will ich aus dem Land den fremden
Uns so verhaßten aufgedrungnen Pöbel!
In meines Vaters Thaten seh ich nur
Ein ungeheures, ödes Possenspiel,
Denn Dich, o Mutter, stieß er ohne Grund
Lebendig in das Grab und seinen Sohn
Hat er gepeinigt ohne Grund —

Eudoxia.

O herrlich!
Ich wußt' es ja, die edle Glut erstarb
In diesem Herzen nicht. So ende nun
Den würd'gen Spruch mit würdiger Entschließung!

Alexis
(zu den Bojaren gewendet):

Rußlands Bojaren, die Ihr Herrscher wählet
Und Herrscher stürztet — seht auf Euren Czaren.
Hier steht Alexis, beugt Euch seinem Willen!

Gleboff
(vortretend.)

Du bist der Großfürst, der geborne König!
Heil unserm Czar Alexis Romanow!

Die Bojaren.

Heil unserm Czar Alexis Romanow!

Alexis.

Der Gruß erschallt wie Auferstehungsruf!
O schwindet, nah ich Euch, nicht gleich in Dunst,
Denn Ihr umstrickt mich mit des Zaubers Kunst!
Habt mich! Hier bin ich! Gebt mir meine Krone,
Denn wie dem Vater, ziemt sie auch dem Sohne.

(Er nimmt bei den letzten Worten die Krone von dem Kissen des Erzbischofs, setzt sie sich auf das Haupt, und dann fällt rasch der Zwischenvorhang.)

Verwandlung.

Gemach im Palaste von St. Petersburg.

4. Scene.

Katharina ruht auf einem Divan im Nachtkleid. Menzikoff tritt ein.

Menzikoff.

Nun, Martha, müde von der Fahrt?

Katharina.

Ein wenig.
Wir eilten ja, wie unterm Zaubermantel.

Menzikoff.

Es that auch Not. Ich kenne unsere Feinde.
Sie münzen Aufruhr. Doch den rechten Stempel,
Mit dem man Münzen prägt, zerbrech ich ihnen.

Katharina.

Du jagst mir Schrecken ein. Du bist zu hastig!
Ich sah Dich heimlich sprechen mit dem Dentschik,
Eh' wir aus Moskau flüchteten.

Menzikoff.

Der Dentschik
Ist ein erprobter Schütz, der seinen Mann
Zu treffen weiß. Und dieser stolze Prinz
Ist nicht von Eisen. Wie die Herrn Bojaren
Erstaunen werden, sehn sie ihre Sahne,
Die Alles führen, Alles heil'gen sollte,
Zerrissen und zerfetzt.

Katharina.

O Menzikoff!
Ein Mord? —

Menzikoff.

Sein Widerstand bracht' es zur Reife.
Die Thronentsagung war nur eine Posse,
Die er gedrungen spielte! Würd' er Mönch,
Wir wären noch nicht sicher. Keinem nagelt

Man die Kapuze auf den Kopf, das lehrte
Stefan Gleboff ihn. Dieser Jüngling ist
Für unsere Pläne weit gefährlicher,
Als Du es je geahnt und würd' inmitten
Der tollen Köpfe, die ihr altes Reich
Von seiner Jugend wollen, dermaleinst
Das Feuer sein, das unsere Saaten fräße.

Katharina.

Mir graut, das Blut des Prinzen zu vergießen!

Menzikoff.

Zu hohen Gipfeln führt kein ebner Weg.
Dich will ich zu des Reiches Thron erheben.
Das ist mein Dichten, Trachten, das der Wunsch
Des Tags, der Traum der Nacht. Drum muß er
                                           fallen.
Wenn Dich als Kaiserin der Purpur schmückt
Von meiner Hand gewebt, kann Menzikoff
Dich nie verlieren.

Katharina.

                     Du beschämst mich fast. —
Aufricht'ge Neigung ist ein Licht, das immer
Den Gegenstand mit seinem Glanz umgibt.
Sieh ohne Schimmer mich; er ist nicht mein.
Ich bin nur eine Frau; g'rad klug genug
Zu wissen, daß der Frauen höchste Weisheit
Vertrauen zu dem weisern Manne ist.
Versuch' mich nicht! Ich möchte gar zu gern

Von diesem Lothe Urteil, das mir eigen,
Nichts missen, Menzikoff. Das Weib sei dienstbar.
Im Thal gepflanzt, wie sollt' ich oben stehn?
Gehorchen lernt' ich; das Gebieten lehrt
Kein Gott den Schwachen.

Menzikoff.
Liebenswürd'ge Demut!
Sei unbesorgt. Verlaß Dich ganz auf mich.
Denn Deines Armes Arm wird Menzikoff
Für alle Zeiten sein. Du sollst genießen!
Die Arbeit und die Müh' für Menzikoff,
Für Katharina Freude, Lust und Glanz!

Katharina.
Wär's möglich — wär es wirklich denkbar — wär's
Auch freilich so nur denkbar, Menzikoff!
Ach Freund, ich hab' ganz andre Ding' im Sinn,
Recht bis in's Herz bin ich betrübt. Der Aufruhr
Wird bald vorübergehn wie Wirbelwind.
Wer aber hält des Herren Werk? Dies Rußland
Ist eine Riesensäule, die nur halb
Vollendet von dem bauenden Giganten.
Was sind wir Andern? Wer beschließt den Bau,
Wenn den gewalt'gen Meister das Geschick
Von hinnen ruft?

Menzikoff
(lächelnd):
In Deinem Bild zu bleiben:
Wir lassen diese Riesensäule stehn

So wie sie steht. Zerfällt sie einst — nun wohl!
Die Mauern Babylons sind auch ein Staub.
Du sollst mich glühn sehn für des Meisters Werk,
So lang die Glut mir Meisters Gnade schafft.

Katharina.
Nicht länger?

Menzikoff.
    Keinen Augenblick. Drei Regeln
Merk', Martha, Dir. In zwanzigjähr'ger Schule
Hab' ich die Sprüch' erlernt. Zum Ersten wisse:
Wer Menschen bildet, ist sein eigner Feind,
Denn leichter herrscht sich's über Dumme. Zweitens:
Rußland ist noch der Erde schönster Teil,
Wenn auch der Schwed' hier wieder Kupfer gräbt,
Und Petersburg zum Sumpfe wird. Das Dritte
Sag' in's Ohr ich Dir! 'S ist für Eingeweihte:
Ein großer Mann ist nur ein großer Thor.

Katharina.
Meinst Du das wirklich so?

Menzikoff.
    Daß ich's gesagt,
Beweist, daß ich's so meine.

5. Scene.

Die Vorigen. Ein Page tritt auf.

Page.
Fürst, man sucht Euch.

Menzikoff.
Wer ist's?

Page.
Boten von Moskau und vom Meer.

Menzikoff
(zu Katharina):
So gibt es Neuigkeit zu Land und Wasser.
(Zum Pagen):
Führ' sie in's rote Zimmer!
(Page ab.)
(Zu Katharina):

Haben wir
Uns nicht vertieft in ein Gespräch, als ob
Auch wir bereits des Gleboff Märchen glaubten!
Von Moskau und vom Meer? Die Boten bringen
Den Sinn zur Gegenwart zurück.
(Menzikoff küßt Katharina die Hand und geht ab.)

6. Scene.

Katharina allein; Menzikoff nachsehend.

Du meinst,
Daß wir zusammen wandern? Guter Freund,
Jetzt hab' ich Dir in's Herz geschaut. Du warst

Mir längst unleidlich, meiner Niedrigkeit
Verhaßter Spiegel! Martha nennst Du mich,
Wie einst das Mädchen von Marienburg —
Das will das Weib des Czaren Dir gedenken!
Armseliger! Was kannst Du denn als morden?
Was ist Dein Witz? Ein wenig Lügen, Sälschen
Und Geld zusammen raffen. Ja, um Gold
Verkauftest Du Provinzen. Schmutz'ger Mäkler!
Wär' ich ein Mann, der Schwede sollt' es fühlen,
Das letzte Blut des Herzens strömt' ich hin
Für unser Petersburg!
Weh mir, daß ich ein Weib! Wir Frauen sind
Nur ein geschmücktes Nichts. Das Beste fiel
Den Männern zu. Das Erz wächst für den Mann,
Die Völker schwellen an, damit der Mann
Mehr Knechte habe, und der Himmel schuf
Der Sterne Heer, damit der Mann da droben
Unendliches in seinem Geist erobre,
Wenn er die Endlichkeit bezwungen hat.
Und blieb uns Frauen nichts? Sind wir denn wirklich
Waffenlos? Nein, wir haben auch ein Erbteil;
Gefäll'ge List, und eignen tiefen Sinn,
Einfält'ge Schalkheit, Lächeln in dem Herzen,
Im Auge Thränen! Auf der Lippe: Ja,
Im Geiste: Nein; und Schritte viel zu lei=
Für Euer Ohr. Wir sind so thöricht nicht,
Die Meinung unsrer Redlichkeit zu schwächen.
Drum will auch ich den guten Namen wahren

Und für Alexis, meinen Stiefsohn, bitten,
Der mir verhaßt! —
(Sie bleibt eine Weile in Gedanken stehen, dann ruft sie aus):
Ich steh' am Wendepunkt.
Die Kaiserin von Rußland will ich sein,
Doch nicht von Deiner Gnade, Menzikoff!
Du bist das Roß, das mich zu Berge trägt —
Und — (höhnisch) mit zum Gipfel kommt.
(Sie sieht sich um.)
Die Larve vor!
Es naht der Mann, der mich zu leiten wähnt.
(Hinter der Scene beginnt ein Pfeifen des Windes und Regen, bis zum Ende der Scene andauernd.)

7. Scene.

Katharina. Menzikoff.

Menzikoff.

Von Kronstadt ist ein Schiff signalisirt,
Apraxin sagt, es trüg' des Czaren Flagge.
In Moskau griff der Aufstand weiter um sich.
Die Bauern stehen ringsumher in Waffen;
Nach Pleskow, Twer und Tula sind Rebellen
In Haufen abgegangen. Ernstlich scheints.
Der Sturm bricht los. Wir dürfen nicht mehr zaudern.
Ein schwer Gewitter hängt auch über uns.
Verlaß mich nicht, wenn es zum Ausbruch kommt.

Katharina.

Nur Muth! Ich schütz' dich vor dem Zorn des Czaren.
Rasch ihm entgegen auf dem schnellsten Schiff!
Mein Stern ist der lebend'ge. Ihm vertraue!

(Indem sich Beide zum Abgehen wenden, fällt
der Vorhang.)

Dritter Akt.

Auf dem Verdecke eines Schiffes. Der Steuermann auf dem erhöhten Platz am Steuerruder. Mehrere Matrosen. Sturm.

1. Scene.

Steuermann. Matrosen.

Erster Matrose.
Ihr müßt mehr links halten, Steuermann.

Zweiter Matrose.
Nein, mehr rechts. Links kommen wir auf die Bank.

Erster Matrose.
Steuermann, Ihr fahrt uns ja in die Klippen.

Zweiter Matrose
(zum Steuermann.)
Grigori, nimm Vernunft an!

Steuermann.
Ja doch! Macht mich nicht toll!

Erster Matrose.
Die Pest über dieses Teufelswetter!
(Signalschüsse von außen.)

Steuermann.
Holla! Da kommen noch mehr Narren,
Die mit uns ersaufen wollen.

Erster Matrose.
Glaubst Du, daß wir ersaufen werden?

Steuermann.
Dich rettet Dein Bauch, Hallunke;
Fett schwimmt oben!

Erster Matrose.
O heil'ger Georg!

2. Scene.
Czar Peter. Oberst Gordon. Die Vorigen.

Peter
(mit Gordon aus der Kajüte steigend):

Was für ein Lärm?
(zu den Matrosen)
Auf Eure Posten, Mannschaft!
(zu Gordon)
Dies Volk zu Lande brav, ist blöd zu Wasser.
Und früher ging mir's selber so, mein Gordon.
(Pfeifen des Windes.)
(zu den Matrosen)
Ein tücht'ger Seemann, merkt es Euch, Matrosen,
Heult nicht mit Wind und Wellen um die Wette.
Die See geht etwas hoch, das ist's, nichts weiter.
(Die Matrosen beschäftigen sich mit Tau und Segelwerk. Der Sturm
wird stärker.)

Gordon
(zu Peter:)

Nebst einem Stückchen Schiffbruch allerhöchstens.
(über die Brüstung blickend.)
Ich wünschte doch, wir wären erst in Kronstadt,
Denn auf des Meers bewegten Wasserbergen
Da ist es, unter uns, verdammt gefährlich.

Peter.
Wo wäre nicht Gefahr? Und die, mein Gordon,
Aus der man nicht entrinnen kann, scheint mir
Die mindere zu sein. 'S giebt nur ein Unglück,
Und das heißt: Sliehn.
(Starker Donnerschlag und Blitz.)

Steuermann
(fällt auf die Kniee).

O heil'ger Petrus, hilf!

Gordon
(tritt an das Steuer).

Goddam! Wir sind verloren!

Peter
(besteigt den Platz am Steuerruder und rückt an demselben).

Schief gewandt!
So bricht man eine Strömung.
(Zum Steuermann, der sich vom Boden erhebt:)
Sieh jetzt
Auf mich und lern', wie man das Steuer führt.
Es ist, ich wiederhol's, kein rechter Sturm,
Sonst würden wir es lassen müssen. Doch
Dagegen kann man noch.
(Der Steuermann tritt mit einer bittenden Geberde zum Czaren:)

Alexis.

Beruh'ge Dich!
Du fehltest nicht, Die fehlten, die zu früh
Des Schiffes Lenkung Dir vertraut.

Gordon.
Bei Gott!
Was wären wir jetzt ohne Dich, mein Czar?

Peter.
Wär' ich der röm'sche Narr, ich spräche: „Schiff,
Du trägst den Cäsar und des Cäsars Glück".
Nun wohl, ein Czar ist auch noch nicht ertrunken.

Steuermann.
Ein Boot, ein Boot!

Peter.
In diesem Sturm?

Steuermann.
Es kommt
Von jenem Schiff, das unsre Flagge trägt.

Peter.
Schickt Admiral Apraxin uns vielleicht
Vom Schwedenkönig Nachricht? Diesem Karl
Gelüstet es wohl wieder nach Provinzen?

Stimmen von außen:

Halt! Vorgesehn!

Peter
(zu den Matrosen).

Werft rasch die Leiter aus!

(Die Matrosen werfen die Schiffsleiter aus. Auf der Schiffsseite im Hintergrunde werden Katharina und Menzikoff sichtbar. Auf dem Verdeck angelangt, sehen Beide erstaunt den Czaren am Steuer.)

3. Scene.

Katharina. Menzikoff. Die Vorigen.

Peter.
Auf offner See Gesellschaft? Katharina?
Fürst Menzikoff? Was soll der tolle Spuk?

Katharina.
Mit Windeseile trieb es uns aus Moskau,
Wo heller Aufruhr herrscht. Eudoxiens Sohn
Erwählten sich zum Werkzeug die Bojaren.
Ich fühlte machtlos mich. Nach Dir allein
Stand mein Verlangen, Herr. Und diese Fahrt
Konnt' ich mit Menzikoff nur wagen.

Peter
(zu Gordon).

Gordon,
Führ' sie in die Kajüte!

Katharina.

Sturm und Noth!
Mich schreckt es nicht. Du zürnst; was ist ein Sturm?

Peter
(am Steuer rückend, zum Steuermann).

Mit solcher halben Wendung kommt das Schiff
Grad' um den Vorsprung dort.

Steuermann
(zu Gordon).

Der Czar verstehts!

Peter.

Es sind nur ein paar leichtgelernte Griffe,
Die man recht inne haben muß. Und dann
hübsch Ruh' und kaltes Blut.

Menzikoff
(der sich Katharina genähert hat, halblaut zu ihr:)

Sprich! Laß nicht ab!

Katharina
(zu Peter tretend).

Kein Wort der Liebe, o mein güt'ger Herr?
Wir sind noch Neulinge. Ich hab' gefehlt,
Nur ich, Dein schwaches Weib. Dein Menzikoff,
Er wär' von Moskau nimmer fortgegangen.
Denn bleiben wollt' er, ja bei Gott, er wollt' es;
Daß wir geflohn, ist, ach, mein rasend Werk!

Menzikoff
(in Katharinas Wort schnell einfallend).

Großmüth'ge Lügen, hörst Du, Majestät!
Nein, bleiben wollte sie, bei Gott, sie wollt' es.
Und daß wir floh'n, ist, ach mein rasend Werk!

Peter
(zum Steuermann).

Hier wallt die See zu stark für unsre Kraft.
Sieh her.
(Dem Steuer einen starken Ruck gebend.)
Dann wendet man das Steuer ganz,
Den Stoß nicht zu vermehren.

Katharina
(sich verzweifelnd an Menzikoff wendend).

Sind wir schon
Gestorben, Menzikoff?

Gordon
(zu Katharina).

Geht, hohe Frau!
(zu Menzikoff).
Fürst, wählt die beßre Stunde. Bei Sankt Dunstan!
Der Himmel macht schon Lärm genug.

Peter.

Gordon!

Gordon.

Czar!

Peter.
Was verwirken nach des Reichs Gesetz
Statthalter, die vom Posten fliehn?

Gordon.

Das Leben!

Peter.
Es hat sich kürzlich so was zugetragen.
Vielleicht laß' ich die Schuld'gen —
(Starker Donner.)

Gordon.

Herr! Denk' nicht
An Erdenschuld. Dies Wetter macht aus uns
In zwei Minuten ein Gericht für Fische.
(Ein gewaltiger Donnerschlag und Blitz.)

Katharina und Menziloff
(aufschreiend).

Wir scheitern!

Gordon.

Himmel, sei uns Sündern gnädig!

Peter.

Nun ist's vorbei! Dies war der letzte Schlag.
Der Morgen steigt herauf.

(Der Sturm läßt nach; es beginnt zu dämmern.)

Gordon
(aufatmend).

Ein rother Streif
Bricht durch's Gewölk. Die Luft wird wieder hell.

Peter
(sinnend an das Steuer gelehnt).

In Deinem Groll, in Deiner Milde schön!
Atem der Erde, mein geliebtes Meer!
Rußland hat wider seinen Herrn und Hort
Den Schild erhoben und das Schwert gezückt,
Und Ehr' und Treu' geworfen in den Staub.
Und Das empfandest Du. Dein heil'ger Zorn
That meinem Herzen wohl.

(Zum Steuermann.)

Jetzt fahr' Du besser!

(Er steigt von dem Steuer herunter und kommt in den Vordergrund. Alle ziehen sich zurück, nur Katharina bleibt.)

Katharina
(welche jede Bewegung des Czaren mit starren Blicken verfolgt, für sich).

Es muß gewagt sein!
(Laut zu Peter:)

Herr, nimm diesen Dolch!
Da sich Dein Auge plötzlich von mir wandte,
So mach' auch meinem Dasein rasch ein Ende.
An Deiner Wimper hängt mir Tod und Leben.
(nach einer Pause)
Du schweigst?

Peter
(nimmt den Dolch, ihn ruhig fortwerfend).

Komm zu Dir selbst!

Katharina.

Wär' ich besonnen,
Stünd' ich in diesem Augenblick nicht hier.
Dem Drang des Herzens folgt' ich, nicht der Klugheit.

Peter.

Ich will mit einem Weib nicht rechten. Sprich!
Wer hat den Aufruhr angefacht?

Katharina.

Gleboff
Verbreitete die Mähr, Du seist ertrunken.
Er wußt' es wohl: Unglück der Hohen trifft
Ein offnes Ohr der Niedern.

Peter
(höchst schmerzvoll):

Katharina!

Ich war als Herrscher noch zu mild. Nun reift
Die Frucht, die Rebellion, das Ungeheuer.
Ein Eckel faßt mich an. O wär' ich nie
Gekrochen auf den Haufen Schmutz: die Erde!
Sieht aus wie Thon für eines Bildners Hand,
Ist aber nichts als Schmutz. Zerbrich, mein Werk!
Stürzt, meine Städte! Sink', verkünstelt Volk
Zurück in Deine alte scyth'sche Nacht,
Dir flößt kein Gott des Lebens Odem ein!
Die Welt kann ich erobern, doch — das that
Vor mir schon Attila.
(Die Sonne bricht hell und heller durch die Wolken.)

Katharina.

O mein Gemahl,
Welch fürchterliche Regung tobt in Dir.
Ist denn Dein Riesenwerk solch schwach Gebäude,
Das schon ein einz'ger Atemzug erschüttert?
Kannst Du der eignen Größe so vergessen?
Aus einer Wildnis schufst Du eine Welt,
Und machtest aus mongolischen Provinzen
Zum Heil des ganzen Volks ein großes Reich.
Verzeihung, mein Gemahl! Begeist'rung, Kühnheit
Reißt über alle Grenzen mich hinweg.
Wo lebt der Mensch, der Dir sich kann vergleichen?
Selbstherrscher aller Reußen bist Du, bist
Der Czar und Kaiser!

Peter.

Ja, der Czar und Kaiser!

Und wie der Mensch im Krampfe sich vergreift,
Griff ich nach Worten gegen meinen Sinn.
Du mahnst mich recht. Gieb mir die Hand, mein
Weib,
Daß ich den Pulsschlag neuen Lebens fühle.
(Katharina reicht ihm einen Augenblick die Hand.)
Seit heut' erst kenn' ich Dich. Du sprachst so groß
Wie eine rechte, ächte Königin!

Steuermann.

Wir sind vor Kronstadt.
(hinausrufend):

Werft die Anker aus!

Peter

(zu Katharina).

Hörst Du? Wir landen gleich. Was jetzt zu thun,
Soll rasch geschehn. Zur Krönung schreiten wir,
Sobald Eudoxiens Sohn enthauptet ist.

Katharina

(mit gemachter Bestürzung).

Sobald dein eigner Sohn —?!

Peter

(eisern und gleichgültig).

Enthauptet ist.

(Während die Gruppe vom hellsten Sonnenlicht beleuchtet ist, fällt schnell
der Zwischenvorhang.)

Verwandlung.

Waldgegend unweit Moskau. Nacht.

4. Scene.

Ein Haufe bewaffneter Bauern um ein Feuer gelagert.

Jwan.

Wenn wir den Czaren nur hier hätten!

Casimir.

Spießen möcht' ich ihn. Das verdient so ein Mann, der Menschen wie Distelhäupter köpft.

Jwan.

Ich vierteilte ihn am liebsten. Aber es ist doch gut, daß er schon todt ist.

Alle.

Warum? Warum?

Jwan.

Wenn er so auf einmal lebendig um die Fichtenecke träte — graut Euch nicht vor dem Gedanken? Erinnert Euch, wie er oftmals gekommen, ehe wir's gedacht. — Heißt es nicht: Das Meer ist seine Magd, und der Länder Weiten sind ihm ein Nichts.

Casimir.

Dort kommen zwei Männer. Wer da?

5. Scene.

Czar Peter und Gordon in Mäntel gehüllt und den Hut tief im Gesicht treten auf. Die Vorigen.

Casimir.
(Beiden in den Weg tretend und drohend, auch einige Bauern springen auf.)

Wer seid Ihr? Sprecht oder wir hauen zu!

Peter.
Freunde Rußlands.

Jwan.
Wenn das ist, so wärmt Euch an unserm Feuer und trinkt mit uns einen Schluck, es ist guter Matrosenbranntwein.

Peter.
Wir nehmen's an.
(Peter setzt sich mit Gordon etwas gesondert von dem Haufen; Jwan und Casimir setzen sich zu ihm.)

Casimir
(dem Czaren seine Flasche gebend).

Trink, Bruderherz!

Peter
(trinkt und reicht dann die Flasche dem Gordon).

Landsleute, warum sind Eurer so Viele um das Feuer versammelt?

Jwan.
Da Ihr Russen seid, müßt Ihr's wissen.

Peter.
Wir kommen aus der Fremde.

Iwan.
Hei; da werdet Ihr in Moskau viel Veränderungen finden.

Casimir.
Der alte Wüterich, der Peter, ist gestorben und verdorben.

Iwan.
Und unsre Hoffnung, unser Leben, Alexis soll nun regieren.

Peter.
So, so!

Casimir.
Und darum sind wir zusammen gekommen.

Alle Bauern.
Ja, darum sind wir zusammen gekommen.

Iwan.
Der todte Czar hat ihn uns bei Lebzeiten abspenstig machen wollen. Aber wir wissen auch, warum. Sie konnten Beide einander nicht leiden, aus Handwerksneid.

Peter (lachend).
Ganz recht, aus Handwerksneid!

Casimir.
Und den Alexis wollen wir vertheidigen gegen den Blutsauger, den Menzikoff. Nicht wahr, ihr Brüder, das wollen wir?

Alle.
Ja, das wollen wir.

Peter.
Warum nennt Ihr denn den alten Czaren einen Wüterich?

Iwan.
Weil er uns niemals Ruhe gönnte und unsere Söhne von den Schweden todtschießen ließ.

Casimir.
Weil wir seine neue Stadt bauen mußten und uns das Fieber dort aus den Sümpfen holten. Und wozu zimmerte er Schiffe und führte uns auf die leidige See?

Iwan.
Alles kehrte er um und um. Die Zeit hat er sogar verrückt, daß man nicht mehr weiß, wie man mit Gott und den lieben Heiligen dran ist.

Casimir.
Unsere gnädigen Herrn sagen, er sei gar kein richtiger Czar gewesen, denn er hätte besser zu einem englischen Flottenführer getaugt. Dafür mußte er jetzt elendiglich ersaufen.

Peter.
Das sind schlimme und harte Beschuldigungen. Ich will den Czaren nicht vertheidigen. Aber wenn er Euch keine Ruhe gönnte, so glaubt mir, er

gönnte sie sich selber noch weniger. Er hat sein
Brot gegessen im Schweiße seines Angesichts.

Iwan.

Er hatte gut schwitzen! Er that's, weil er
Vergnügen daran fand; wir armen Bauern schwitz-
ten, wir mochten wollen oder nicht.

Peter.

Er ließ Eure Söhne von den Schweden todtschießen? Der Schwede aber trotzte und prahlte an
der Grenze. Da dachte der Czar, das dürfe ein
guter Russe nicht leiden.

Casimir.

Sind wir für die Grenze da? Und von dem
Trotzen und Prahlen der Schweden haben wir hier
um Moskau nichts verspürt.

Peter.

Ihr mußtet seine neue Stadt bauen? Sie soll
schön werden, diese neue Stadt. Er meinte, Euer
Land sei es wert, die schönste Stadt auf der Erde
zu haben.

Iwan.

Wer am Fieber verreckt, sieht die neue Stadt
nicht mehr.

Peter.

Auf die Schiffe führte er Euch. Kinder, habt
Ihr das Meer, so beherrscht Ihr die Welt!

Casimir.

Was sollen wir mit der Welt? Wir sind Russen. Unser heiliges Rußland ist das schönste Land auf der Welt, wir brauchen das Übrige nicht.

Peter
(heftig).

Freilich, Ihr seid zufrieden mit Grütze und Kohlsuppen.

Casimir
(aufspringend).

Was? Du willst ein Freund Rußlands sein und sprichst so? Grütze und Kohlsuppen sind das Leibgericht der Russen.

Peter.

Beruhigt Euch! Ich bin ein Freund Rußlands und werd' es Euch beweisen. Aber wenn Ihr sagt, der Wüterich Peter soll alles umgekehrt haben, so vergeßt nicht, daß vieles auf dem Kopfe stand.

Iwan
(aufstehend).

Das verstehn wir nicht.

Alle.

Nein, das verstehn wir nicht!

Peter
(sich erhebend).

So will ich deutlich sein, daß Ihr's versteht. Sein ganzes Leben war ein Dienst für Euch.

Trug dieser Dienst ihm Euren Fluch nur ein,
So ist sein Leben unnütz.

(Er richtet sich hoch auf, den Mantel von der rechten Schulter zurückschlagend und den Hut ungestüm vom Haupte nehmend, den er später wieder aufsetzt.)

Seht ihn vor Euch!

Wer tötet ihn?

Alle
(sich tumultuarisch erhebend).

Der Czar! Der Czar! Er ist's!
Wir sind gehangen!

(Sie werfen sich auf die Kniee und umgeben so den Czaren.)

Gnade! Gnade! Väterchen!

Peter.

Die Nacht verbirgt Euch mir, ich kenn' Euch nicht
Und will Euch, irrgeführtes Volk, nicht kennen.
Doch merkt Euch Eins: Wer morgen Waffen trägt,
Hängt übermorgen früh am Galgen. Geht!

(Die Bauern ab.)

6. Scene.

Czar Peter. Gordon.

Gordon
(nach einer kleinen Pause).

Deine Feinde sind Schwachköpfe. Man müßte ein Volk gegen Dich Einzelnen führen, und dann stünde der Kampf noch immer zweifelhaft. Sie meinen, Dich durch Verschwörungen erdrücken zu können. Das ist, als wenn man den Kaukasus versetzen wollte.

(Peter schweigt.)

Ist der Czar traurig?

Peter.

Ein Herrscher über Bestien zu sein! — o Gordon!

Gordon.

Du richtest doch nur mit Bestien etwas aus.

Peter.

Wenn Alles eine Thorheit gewesen wäre! Alles umsonst! — Warum mich unter Diese werfen, Du eigensinnige Macht!? Gordon, man könnte verzweifeln.

Gordon.

Wir müssen doch vorwärts.

Peter.

Richtig. Wir müssen. Und Andre müssen mit! Gordon!

Gordon.

Herr?

Peter.

Glaubst Du, daß ein einziger Mensch es von Herzen mit mir meint?

Gordon.

Meinst Du es mit einem einzigen Menschen von Herzen?

Alexis.

Peter.

Eine Frage, die treffend antwortet. Auch Du nicht, Gordon?

Gordon.

Ich bin ein Schotte. Der Schotte geht nach Geld. Du giebst mir Geld, und ich liebe Dein Antlitz ganz besonders auf Deinen Münzen.

Peter
(giebt ihm die Hand).

So hab' ich's gern. Gordon, es heuchelt mir Alles. Ich bin dessen satt, bis in meine Einge=weide satt!

Gordon.

Nun, das Bauernvolk heuchelte Dir ja auch nicht. Es war ein Parlament aus dem Stegreife. Doch horch! Ich höre Schritte. Und wie ich beim Schein dieser Notfackel wahrnehme — —

(Er nimmt aus dem Feuer einen brennenden Pfahl und beleuchtet damit den Weg, woher Menzikoff später kommt.)

Es ist Fürst Menzikoff, der Dir aus Moskau Nach=richt bringt.

(Er wirft den Pfahl wieder in das Feuer.)

Eine witzige Strafe, daß Du ihn mit Katharina dorthin voraus gesendet!

Peter.

Er taugt zum Frauendienst und Spionieren.

Gordon.

Er macht Schritte wie der große Christof.

Seinen Jubel hätteſt Du hören ſollen, Czar, als er
Deine Vergebung erlangt hatte. Kein Hund, der
nach empfangenen Prügeln wieder apportieren darf,
kann ſich aufrichtiger freuen.

Peter.

Er hat was Hündiſches in ſeiner Seele,
Doch iſt er wohl zu brauchen. Ihm zu Liebe
Zeig' ich bisweilen ihm ein finſtres Antlitz.
Dann ſchlägt er ſeiner Sünden Liſte auf
Und dient, ſo lang der Schreck währt, wieder gut.

7. Scene.

Menzikoff. Die Vorigen.

Menzikoff.

Heil unſrem Czar!

Peter.

   Dank, Menzikoff. Wie ſteht's
In Moskau?

Menzikoff.
(in Eifer).

   Uns hat Gott beſchützt! Ich war
In Angſt um meine künft'ge Kaiſerin.
Doch unſichtbare Flügel deckten uns,
Denn mitten durch die Feinde gingen wir
Und unbemerkt kehrt' ich den Weg zurück.

Peter
(ungeduldig).

Von Moskau will ich wissen, nicht von Dir
Und Deiner Todesangst! Ich glaub', ich bin
Der Einzige, der nicht an sich nur denkt.

Menzikoff.
       Moskau
Ist leer von Truppen!

Peter.
  Was?

Menzikoff.
     Die Semenow'schen
Hat Gleboff fortgeschickt nach Astrachan.

Peter.
Die Semenow'schen fort! Der zeigt Verstand!
Auf diese Truppen zählt' ich just. Das Reich
So ganz entblößt — das ist ein Meisterstück!
Sonst pflegen sich Empörer mit der Macht
Der Waffen zu umgeben; darauf baut' ich,
Denn die Armee ist mein. Sei's drum! Ich geh'
Nach Moskau doch.

Menzikoff.
  Allein willst Du . . .?

Peter.
     Allein!
Ins Kloster mit dem Czar, der zaudern kann,

Wenn er gehört, daß freche Unterthanen
Am Throne rütteln! Öffnet mir die Adern!
Mein Blut ist weißer Gischt geworden, will
Gen Himmel spritzen! Luft! Mich tötet's noch!
Nicht eine Nacht verschieb ich's.

####### Menzikoff.

Herr, geh' nicht!
Versammelt sind im Kreml die Rebellen,
Ihr Anhang ist zu stark. Das Volk zieht lärmend:
„Es leb' Alexis" rufend, durch die Gassen.
Du stürzest Dich in den gewissen Tod!

####### Peter.

Kann sein, doch glaub' ich's nicht. Mit fester Faust,
Wär' ich auch waffenlos, töt' ich die Hydra.
Tollkühn mag's Euch erscheinen, doch nicht mir.
(Starker Trommelwirbel hinter der Scene unterbricht die Rede des Czaren.)
Was geht da vor? Laßt uns das Schauspiel sehn!

8. Scene.

Oberst Schepelew kommt mit mehreren Offizieren. Peter, Menzikoff
und Gordon haben sich zurückgezogen.

####### Schepelew

(zu den Offizieren).

Dort glänzen Moskaus Lichter. Noch einmal:
Thut für Alexis nur die Hälfte Dessen,
Was Ihr für Peter thatet, dann sind wir

Die ersten Leute Rußlands. Dolgoruki
hat beide Taschen voller Gold und Orden.

Peter
(zu Gordon).

Hier haben wir die Arme, die mir helfen.

Gordon
(leise).

's ist Schepelew.

Menzikoff
(leise).

Im Sold des Dolgoruki.
Die Garnison von Twer ist auf dem Marsch
Verführt, bestochen, in's Komplott gezogen.
Herr, rette Dich!

Peter
(leise).

Das will ich.

(Peter tritt auf Schepelew und die Offiziere zu, die während des leisen Gesprächs des Czaren mit Gordon und Menzikoff eine Gruppe um Schepelew gebildet haben, untereinander sprechend.)

Peter
(laut).

Guten Abend,
Ihr Kameraden!

Schepelew
(den Czar erkennend).

Alle guten Geister!

Peter
(lächelnd).

Laß nur die Geister ruh'n! Erkennst Du mich?

Man hat mich tot gesagt, ich bin lebendig.
Ein kleiner Irrtum! Nun, das fügt sich wohl
Bei weiten Land- und Meeresfahrten. Oberst,
Habt Ihr die Truppen bei Euch?

Schepelew.
Ha! Mein Gott —
Welch' eine Fügung!
(zu den Offizieren):
Sprecht, was wollt Ihr Herrn?
(Die Offiziere sehen verlegen einander an.)

Peter.
Ob Ihr die Truppen bei Euch habt? Herr Oberst,
Red' ich nicht laut genug?

Schepelew.
Ob ich die Truppen — -
Zu Gnaden — — — freilich — — so zu sagen,
hab' ich
Die Truppen hier — — von Twer drei Regimenter.

Peter.
Ihr seid ein wackerer Mann, der auf die Stunde
Erscheint, wenn man ihn braucht. Wir werden Eurer
Bei passender Gelegenheit gedenken.
Gordon!

Gordon.
Mein Czar?

Peter.
Du nimmst die Grenadiere,

Bewachst des Kremls innerste Gemächer.
Wann kannst Du oben sein?

Gordon.

Schlag Zwölf, mein Czar!

Peter.
Punkt Zwölf bin ich im Kreml. Laß mich nicht
           warten.
Du ziehst den graden Weg, ich reit' am Ufer.
Geheim schleichst Du Dich ein. Es soll kein Lärm
Die Zahl der Schuld'gen noch vermehren. Geht!

Gordon
(tritt zu Schepelew und sagt):

Laßt zum Aufbruch trommeln!

Schepelew.

Befehlt es selbst!
(Er tritt zum Czaren.)
Ich bin nicht würdig dessen mehr, hier ist
Mein Degen, Majestät. Ich kam in andrer,
In schlimmer Absicht her.

Peter.

Behalt' den Degen!
Die Absicht gilt mir gleich, wenn Ihr gehorcht.
Gehorcht dem Oberst Gordon.

Gordon.

Auf, nach Moskau!

(Gordon, Schepelew und die Offiziere ab. Gleich darauf hinter der Scene Trommelwirbel, deren Schall immer ferner nach und nach verklingt. Peter geht etwas in den Hintergrund und sieht den Truppen nach.)

9. Scene.

Czar Peter. Menzikoff.

Peter
(vortretend zu Menzikoff).

Ich bin zur rechten Zeit gekommen. Hier
Ist Festigkeit von nöten. Trifft das Feuer
Auf Stein und Eisen, ist's von selbst gedämpft!
Wer sind die Hochverräter?

Menzikoff
(ein Papier hervorziehend).

Dies Verzeichnis
Nennt Eurer Majestät die Feinde.

Peter.

Gieb.
(Er geht mit dem Papier zum Feuer hin, liest:)

Gleboff, Eudoxia, Lapuchin, Dosithei,
Die kenn' ich freilich. Dolgoruki? — Schade.
Ein guter Name. Kikin. — Kikin? — Welcher
Von beiden ist's?

Menzikoff.
Der Alexander Kikin.

Peter
(wieder in den Vordergrund tretend).

Dem schenkt' ich einst das Leben, als er mir,
Dem Schlummernden, mit Mörderhand genaht.
Er setzte die Pistole mir aufs Herz,

Doch sie versagte. Als ich drauf erwacht,
Sank er zu Füßen mir, und zitternd rief er:
Ich bin von Gott gesendet, Dir zu melden,
Daß keine Bosheit Dich vernichten kann;
Nimm hin mein Haupt, es ist an Dir verwirkt.
Ich sagte: Als Gesandter bist Du straflos,
Der Gott, dem ich vertrau', vergebe Dir.
Und, jetzo wieder? Gut, es gilt sein Wort. —
(Zu Menzikoff.)
Sie Alle müssen fallen diese Nacht.
Du wirst das einzurichten wissen. Doch —
Es fehlt Alexis noch in dem Verzeichnis!

Menzikoff.
Er ist Dein Sohn.

Peter.
Das spricht die Schlauheit, nicht
Ein menschliches Gefühl. Ging es nach Dir,
Läg' er erschossen.
(Menzikoff erschrickt.)
Fürchte nichts. Es wär'
Vielleicht so besser, und erspart wär' uns,
Was aussieht wie Verlegenheit.

Menzikoff.
Bedenk':
Er hat gerechten Anspruch auf die Krone.
Noch ist es Zeit. Zu hoch für Unterthanen
Ist Streit der Herrscher mit den Erben.

Peter.

Erben?!
Ich bin der erste Kaiser dieses Reichs,
Darum vernicht' ich dumpfer Vorwelt Schluß!
Die Herrscher Rußlands setzen künftighin
Nach eigenem Ermessen sich den Erben.

Der Vorhang fällt.

Vierter Akt.

Großer Saal des Kremls. — In der Mitte sieht man eine Vorhalle, von der breite Stufen nach der Bühne führen. Rechts im Vordergrund ein Bogenfenster. Zu beiden Seiten Thüren. — Es ist Abend. — Beim Aufgang des Vorhangs blickt Alexis erwartungsvoll zum Fenster hinaus. Im Hintergrund erscheinen in der Mitte auf den Stufen: Eudoxia (in prächtiger, weltlicher Kleidung), Dolgoruki und Capuchin.

1. Scene.

Alexis, Eudoxia, Dolgoruki und Capuchin.

Dolgoruki.

Wir bringen frohe Botschaft Dir, mein Czar.
Das Volk verlangt die Krönung. —

Alexis

(sich umwendend).

Wie? Das Volk?
— Bezahlt' Gesindel lärmt um den Palast,
Doch Ihr verlangt den Schattenkönig.

Dolgoruki.

Czar,
Du sprichst zu einem Fürsten.

Alexis.

Sürst? — Du bist
Nur ein Vasall und Unterthan der Krone.

Lapuchin.
So sei denn auch der Czar! Was die Bojaren
Dir mutig zu vertrauen wagen, wag'
Entschlossen zu ergreifen.

Alexis.

Meinst Du wirklich?
Mir können die Bojaren nichts vertrau'n,
Was ich nicht ohne sie besitze. Ohm,
Kehr' heim auf Deine Güter!

Lapuchin.

Höhnst Du so
Der Mutter Bruder?

Eudoxia
(sich zu Dolgoruki und Lapuchin wendend):

Geh'n wir!

Alexis.

Mutter, bleib!

Eudoxia.
Kaum noch erkenn' ich Dich. Bist Du Alexis?

Alexis.
Ein Jeder wandelt sich wol mit den Jahren.
Da Andrer Los gar anders war als meins,
Bin ich das Gegenteil von andern Menschen.

Bei ihnen fängt das Dasein fröhlich an,
Sie scherzen sorglos ihre Tage hin,
Bis daß ein Elend kommt. Dann zittern sie
Und welken ab. Ich leerte schon als Jüngling
Des Leidens bittern Kelch. Jung, war ich Greis;
Nun bringen mir die Götter meine Jugend
Und kühnlich end' ich, was ich scheu begann!

Eudoxia.

Ich preise diese königliche Regung;
Doch warum schmähst Du denn die edlen Fürsten,
Die Deine Krone Dir entgegen trugen?

Alexis.

Sie thaten's, ja, doch nur aus Selbstsucht, Mutter.
Hellsehend machte mich ein einz'ger Tag
Und ihren Seelen schaut' ich auf den Grund.
Sie wollten König sein und mich beherrschen,
Ja, mehr noch, Mutter, mehr: ich sollte nur
Für sie das Werkzeug sein, die Schleuder nur,
Um ihrem schnöden Ehrgeiz Raum zu schaffen.
Pfui, über solche Schmach!
(Dolgoruki und Capuchin wenden sich beleidigt ab.)

Eudoxia
(auf Alexis eindringend).

Bei allen Heil'gen!
Wenn Du noch Deine Mutter liebst und ehrst,
Wie es geboten steht von Gott, so banne
Den fürchterlichen Argwohn aus der Seele
Und trau' den Fürsten, deinen weisen Räten.

Alexis.
Das kann ich, darf ich, will ich nicht, o Mutter!
Capuchin.
Er darf nicht?
Dolgoruki.
Will nicht? Hörst Du diesen Undank?
Alexis.
Mein Leben floß in Einsamkeit dahin,
Und deshalb glaubtet Ihr, Alexis sei
Ein Blinder und ein Tauber. Doch Ihr irrt.
Mein eig'ner Vater schärfte mir den Blick
Für eitle Larven. Falschheit — lernt' ich sonst
Auch wenig nur — hab' ich erkennen lernen!
Denn ich sah Menzikoff an jedem Tag
Durch zehn verfluchte Jahre.
Dolgoruki.
Was ist das?
Alexis.
Im ersten Andrang übermächt'gen Glücks
Ließ ich auf einen Augenblick mich blenden.
Nur einen Augenblick! Denn schon beginnt
Die Anarchie sich drohend zu erheben.
Betrüger treten auf im Volk und schrei'n:
„Noch lebt Czar Peter!" Ja, beim ew'gen Gott,
Und wenn die Menzikoffs wie Pilze wüchsen,
Er lebt, er lebt in seinem Sohn Alexis!

Eudoxia.
Bist Du von Sinnen?

Dolgoruki.
Rußlands Adel ist
An eines Knaben Schmähung nicht gewöhnt.
Vernimm denn unsern Willen: Du gehörst
Nicht Dir und Deinen Launen, Du gehörst
Uns und dem Land. Wir machten Dich zum Czaren,
Wenn Du nicht willst, so lerne jetzo wollen!

Alexis.
Um Deines Gleichen ist der Russen Name
Verachtet in der Fremde. Sollen, wollen?
Das Sollen ist an Euch, an mir das Wollen!
Zu Ende geht das Reich der dumpfen Bangnis.
(Zu Eudoxia, die sich entfernen will:)
O Mutter, bleib! Wirf Deine Flammenblicke
So zornig nicht auf den empörten Sohn.
Euch Andern sag' ich: Fort, aus meinen Augen!
Zerrissen ist der Bund! Ich will auf ewig
Mein heilig Recht von Eurem Unrecht scheiden.
(Alle, bis auf Alexis wenden sich zum Abgang.)

2. Scene.

Gleboff kommt ihnen entgegen und bleibt in der Mitte auf der obersten Treppenstufe stehen. Die Vorigen.

Gleboff
(zu Allen).

Ich komm' als Herold eines hohen Gastes!

Die Gallerie hinunter blickend sah ich
Das Haupt des Czaren.

Alle
(entsetzt zurückweichend).

Ha!

Alexis
(zu Gleboff).

Du schreckst mich nicht.
Ich wußt' es längst; die Ersten dieses Landes
Sind Schelm' und Buben worden!

Lapuchin
(der einige Stufen emporgestiegen, nach rechts blickend).

Weh uns! Weh!
Er kommt! Ihr Mauern des Kremlins, stürzt ein!
Bergt uns in Schutt! —
(Er ist wieder mehr in den Vordergrund getreten.)

Eudoxia
(Gleboff anstarrend).

Bist Du ein Mann, Gleboff?

Gleboff
(von den Stufen herunterkommend).

So sehr, daß ich, vom ersten Schreck genesen,
Mich nun des Zufalls freu'. Kommt es doch jetzt
Zu einem Ausgang endlich! Ich vollbring's,
(auf seinen Säbel zeigend)
An meiner Seite trag' ich einen Freund,
Der rasch entscheiden soll.

3. Scene.

Czar Peter. Die Vorigen.

Peter
(tritt schnell ein, bleibt auf den Stufen stehen und mustert die Anwesenden; dann sagt er):

Gordon nicht hier?
(Er sieht auf die Uhr.)
Mein alter Sehler, Ungeduld! Was thut's?
(Er tritt vor.)
Seid mir gegrüßt! Ich komm' soeben an,
Und sah die Senfter hell. Gesellschaft! dacht' ich.
Und weil ich noch nicht gar zu müd' vom Weg,
Hab' ich gewünscht, mit Euch zu Nacht zu speisen,
Wenn Ihr's erlaubt?

Gleboff
(nach einer Pause).

Eu'r Majestät ist früher,
Als wir erwartet, heimgekehrt.

Peter.

Ja, Gleboff.
Ich blieb in Lübeck nicht, wie Dir vielleicht
Berichtet ward; ich sehnte mich nach Hause.
Was macht Dein Regiment?
(Gleboff schweigt.)
Ah, Dolgoruki!
Ist Eure Gattin wieder hergestellt?
(Dolgoruki schweigt.)

Wie steht's auf Euren Gütern mit der Ernte,
Mein lieber Capuchin?
(Capuchin wendet sich schweigend ab.)
       Mich dünkt, ich störte
Des Festes Heiterkeit. Das darf nicht sein.
Der Czar ist hier im Hauskleid und ein Gast
Gleich andern Gästen. Nehmt es so, ich bitt' Euch.
Alexis, sagt, gebt Ihr mir einen Trunk?
(Alexis giebt, gewendet zum Hintergrund, ein Zeichen; ein Page erscheint;
Alexis erteilt ihm einen Befehl. Page geht.)

Eudoxia
(in großer Erregung leise zu Gleboff).

Gleboff, Dein Freund ist träg!

Peter
(Eudoxia anblickend).

       Vier Fragen ward
Die Antwort nicht. Die fünfte sei beglückter.
(zu Eudoxia)
Wißt Ihr, ob Schwester Helena noch lebt
Im Kloster Susdal?

Eudoxia
(langsam sich Peter nähernd, zitternd vor Grimm).

      Ja, nach Eurem Wunsch.
Und weil Ihr christlich für die Arme sorgtet,
So betet sie: O Gott, vergilt dem Czaren
Zehnfältig seine Wohlthat!

Peter.

      Edle Fremde,
Gern hör' ich von Helenens Sinnesmilderung.

Da Ihr Euch weltlich tragt, kennt Ihr die Welt.
Wißt denn: Der Czar hat niemals sie gehaßt;
Sie war ein herrisch unbequemes Weib,
Anstatt an Peters Glanz, an Rußlands Ruhm
Genügen sich zu lassen, wollte sie
Nur Pracht und Glanz für sich. Der Czar ertrug
Es lang geduldig, endlich ward er's müd',
Und da verbannt er sie. — Nichts mehr von Weibern.
(Der Page bringt dem Czaren Peter einen Becher Wein und entfernt sich.)

Peter
(den Becher nehmend).

Nun unsern alten Spruch! Und wer ein Russe,
Der ruft ihn Petern nach: Auf Rußlands Heil!
(Er trinkt und reicht den Becher dem Gleboff.)
Thu' mir Bescheid, Gleboff, Du bist der Erste!

Gleboff
(wirft den Becher zur Erde und zieht den Säbel).

In Deinem Blut. Das Andre sagt mein Säbel.
(Er dringt auf Peter ein. Dolgoruki und Capuchin ziehen ebenfalls die Säbel. Alexis, der bei Eudoxia gestanden, wirft sich schnell zwischen die Fürsten und deckt seinen Vater mit seinem Körper.)

Alexis.

Zurück, Ihr Mörder!

Eudoxia.

Drauf, beherzte Russen!
Er ist mein Sohn nicht mehr. Gebt mir die Waffe.
(Sie entreißt dem ihr zunächst stehenden Capuchin den Säbel.)
Ich färbe purpurn sie mit Herzensblut
Des qualerfindrischen Henkers!

Peter
(Alexis wegstoßend).

Fort!
Ich will von Schelmen nicht verteidigt sein.

(In diesem Augenblicke erschallen Trompeten und Trommelwirbel. — Gordon und Schepelew treten mit Soldaten auf. Alle Stufen füllen sich mit Truppen. Dolgoruki und Gleboff lassen die Säbel sinken. Eudoxia wankt auf einen Sessel, der Säbel entfällt ihren Händen.)

4. Scene.
Die Vorigen. Gordon, Schepelew. Soldaten.

Peter
(zu Gordon und Schepelew).

Ihr säumtet lang, doch kommt Ihr grade recht.
(zu Gleboff, Dolgoruki und Capuchin)
Rebellenhunde, glaubt, ich bin der Mann,
Der nicht dem Tod die Antwort schuldig bleibt!

Gordon
(zu Peter tretend).

Mein Czar, erlaubst Du, Deine Uhr zu stellen?
Sie geht zu rasch.

Peter.

Hast Recht. Sie wär' beinah
Mit Reich und Leben mir davon gerannt.
(Sich umschauend.)
Doch sieh! Zwei hohe Gäste fehlen noch.
Wo ist Kikin und unser frommer Bischof?

Gordon.

Sie sind entfloh'n; doch hört' ich, Majestät,
Daß Menzikoff sie eingeholt.

Peter.

Schon gut.
Führt den Czarewitsch in den gold'nen Saal.
Ich habe später noch mit ihm zu reden.

(Gordon giebt einem Offizier einen Wink, der darauf mit zwei Soldaten vortritt.)

Alexis.

Und ich mit Dir!

(Er geht von dem Offizier und den zwei Soldaten begleitet nach links ab.)

Peter

(zu Schepelew, auf Eudoxia zeigend).

Dies Weib nach Schlüsselburg!

Eudoxia

(sich erhebend).

Nach Schlüsselburg? In diese Modergruft?
Willst Du mich langsam morden, Wüterich?
Doch biet' ich allen Marterqualen Trotz,
Denn nach Vergeltung krächzen schon die Raben,
Und aus den Leichenhügeln steigt die Rache.

(Eudoxia steigt die Stufen empor, auf der letzten trifft sie mit Menzikoff zusammen, an dem sie mit verächtlicher Geberde vorübergeht. Menzikoff bleibt stehen, bis Eudoxia nach rechts mit Schepelew und einigen Soldaten abgegangen ist.)

5. Scene.
Die Vorigen. Menzikoff.

Peter
(Eudoxia nachblickend).

So wär' denn dieser Dämon abgethan!
(zu Menzikoff)
Du kommst allein, mein Fürst? Wo sind die
Flücht'gen?

Menzikoff
(zu Peter tretend).

Im Sarg. Der Bischof rief ein Anathem;
Der Andre faselte.

Peter.

Ha, wack'rer Renner
Mit Hipp' und Stundenglas! Du überholst
Schnellfüß'ge Furcht zuerst.
(zu Menzikoff)
Ist Alles fertig?

Menzikoff
(die drei Verschworenen spöttisch ansehend).

Ja, Majestät. Sandberg und Sackelschein
Und auch der Mann mit seinem Richterbeil
Sind schon bereit.

Peter
(zu Dolgoruki, Lapuchin und Gleboff).

Ruchlose Kronenräuber!
Ihr ließt mich schau'n die Zeit nach meinem Tod.

Doch bin ich noch am Leben, sie zu wenden.
Ich hauche mit dem Atem meines Mundes
Wie nicht'ge Seifenblasen Euch hinweg.

Gleboff
(vortretend).

Die Edelsten des Landes kannst Du morden,
Doch werden Knechte Deiner spotten, Knechte
Dich auch verraten und Dein Weib verführe
Der Knecht, dem Du vertraut —

Gordon
(zieht den Säbel; zum Czaren).

Laß mich den Buben
Für diese Schmähung gleich zu Boden stoßen!

Peter
(abwehrend).

Die Hemmung darf nicht sein. Der Ukas spricht:
Gebund'ner Mann hab' ungebund'ne Zunge.

Gleboff.

Regierte über diesem Klumpen Welt
Ordnend ein Geist, so wollt' ich brünstig beten:
„Gieb, daß mein heil'ges Rußland daran denke,
Daß einst ein Mensch gelebt, der Gleboff hieß!"
Wer aber mag in's Leere sprechen? Czar!
Du stehst in Mark und Füll', und wir sind Staub.
Doch nur die Stunde früher oder später,
Ist unser Unterschied. Bau' Dir den Thron
Aus Millionen Schädeln, web' Dein Kleid

Aus Alexanders Ruhm und Cäsars Glorie,
Schon hat sich eingenistet das Gewürm,
Arbeitend an Verwesung Deines Reichs!

Peter.
Zwei Dutzend ungeschickter Wort' zu viel.
(zu Menzikoff)
Führ' sie hinweg, das Urteil zu vollzieh'n!
(Menzikoff giebt einem Offizier einen Wink und geht nach rechts ab. Dolgoruki, Lapuchin und Gleboff gehen ihm nach. Die Soldaten schließen sich an.)

6. Scene.
Peter und Gordon bleiben allein zurück.

Peter
(nach einer kleinen Pause auf Gordon zugehend, der im Hintergrunde steht).
Du siehst, hier braucht es einer Eisenfaust,
Um dieses ehrvergess'ne Volk zu zügeln.
(Hinter der Scene beginnt der Männerchor das Totenlied von Mendelssohn zu singen. — Peter geht nach dem Fenster rechts und blickt starr nach außen. Gordon bleibt im Hintergrund stehen).

Gesang.
Leg' in den Sarg mir mein grünes Gewand,
Trubor, Trubor!
Sporen zu Füßen, den Jagdspieß zur Hand,
Trubor, Trubor!
Fütt're die Rüden, ich hab' sie geliebt,
Streichle mein Rößlein, es steht so betrübt.
(Der Gesang verstummt).

Peter.

Ihr Totensang! Sie stehn im Kreis und halten
Einander bei den Händen, blicken starr
Auf ihre letzte Stätte. — Nur Gleboff
Steht stumm bei Seit', schürzt höhnisch auf die Lippe.
Die Wachen aber singen's mit; es ist
Ein uralt Lied, ich hört' es oft im Lager.

Gesang
(beginnt wieder).

Mach' mir die Grube acht Fuß in den Grund,
      Trubor, Trubor!
Streich' auseinander das Erdreich rund,
      Trubor, Trubor!
Primel entblühen dem Rasen im Mai,
Achtlos jaget der Tartar vorbei. —

Gordon.

So sangen Douglas sieben Söhne einst
Im Turm zu Teviodale.

Peter.

          Das Schwerste blieb
Zuletzt mir aufgespart. Ruf' mir Alexis.

Gordon.

Mein großer Czar! Ist er auch todeswert,
Laß nur den Vater diese Frage lösen.

(Ab nach links.)

7. Scene.

Czar Peter allein. Dann Alexis.

Peter.

Ich irrte mich in diesem Knaben. Was
Mir Blödigkeit und weicher Sinn geschienen,
Warf nun die Larve ab. Er komme nur.
Der Jüngling mag sich selbst sein Urteil sprechen.
(Alexis tritt auf mit Gordon, der sich auf einen Wink Peters entfernt.)

Peter.

Ein Wort zu Dir, mein Sohn.

Alexis
(näher tretend).

Ich warte drauf.

Peter.

Sag' an: wie denkst Du über Dein Geschick?

Alexis.

Du hast das Denken in mir ausgelöscht.
Doch ich besinne mich: Du bist allmächtig
Und forderst eine Antwort. Hör' sie denn:
Ich denk', mein eig'ner Vater kommt als Bote
Des Henkers.

Peter.

Dein Gewissen ist ein Plauderer.
Wahr ist's, ich kam in finstrer Absicht her;
Voll war das Maß, ja übervoll. Du solltest
Für jahrelangen Trotz, verstockten Stumpfsinn,

Für off'nen Aufruhr mit dem Tode büßen.
Gleichwohl schämt' ich mich nie, den Sinn zu ändern,
Wenn ich das Gegenteil davon erkannt.
Ein Schwachkopf nur muß immer Recht behalten.
Ich glaub', ich lernte Dich erst heute kennen.

Alexis.
Erst heute Nacht, mein Czar?

Peter.
Ich sah, Du wünschtest
Nicht meinen Tod. Du warfst entschlossen Dich
Den Mördern in den Weg.

Alexis
(bitter).
Ist dies die That,
Die mich erhöht in Deinen Augen?

Peter.
Nein:
Von Lieb' und Achtung ist die Rede nicht.
Von Wahrheit nur und Recht.

Alexis.
Wahrheit und Recht!
Ihr armen Worte.

Peter.
Sprich gesetzt und ruhig.
Komm' mir entgegen. Ja, mich dünkt, ich hab'
An diesem Zuge Dich erkannt.

Alexis.

Laß hören mich, mein Vater, was der Zug
Dem Czaren offenbart?

Peter.

    Ich will Dir's sagen.
In Deiner Seele warst Du eng vertraut
Mit schlimmen Wünschen. Wär' der Vater nur
Dahin gewesen! Dachtest Du nicht so?
Dein früh'rer Schwur, der Krone zu entsagen,
War dann ein Hauch. Du schwurst mit Vorbehalt.
Da endlich kam der Tag, an dem es galt,
Den Thron Dir zu erobern; mit dem Schwert
Die Bahn zu zeichnen, die der trotz'ge Geist
Lang in der Still' entworfen: Wage! Handle!
Rief dieser Tag! Er suchte einen Helden
Und fand — Alexis.

Alexis.

    Ja, beim ew'gen Heil!
Ich wollte würdig zählen in der Reihe
Erlauchter Romanows. Mein Unrecht ist,
Daß ich zu rasch an Deinen Tod geglaubt.
Doch klage mich nicht an, nur Menzikoff,
Den ersten Würdenträger Deiner Macht,
Der Reich und Volk dem Zufall preisgegeben.
Gewaltthat einzig war die Thronentsagung,
Es greift mir ein Entsetzen an das Herz,

Denk' ich des Schwures, der mir abgepreßt.
(mit großem Nachdruck)
Der Anspruch auf die Krone ist mein Recht!

Peter.
Dies Recht hast Du für alle Zeit verwirkt.
Doch weil ich noch in Deiner Schuld mich fühle,
Schenk' ich das Leben Dir. Zieh' frei des Wegs.

Alexis.
Wohin?
Peter.
  Wohin Du willst; es gilt mir gleich.
Nur kann ich Dich in meinem Reich nicht dulden.
Im Ausland lebe, wo es Dir gefällt.
Den Feind vernicht' ich, der gefährlich mir.
Dich mag ich atmen lassen. Geh doch! Geh!
Der Oberst Gordon wartet vor der Thür,
Zu schützen Deine Flucht.

Alexis.
    Der Mann ist müd'.
Laß diesen Oberst schlafen gehn; ich brauche
Die Hilfe seines Degens nicht.

Peter.
    Du brauchst sie;
Unruhig ist die Straße.

Alexis.
   Ist sie's? Wohl,
So bleiben wir daheim.

Peter.
Du willst nicht fliehn?

Alexis.
Bei Deiner Größe: Nein!

Peter
(nahe an Alexis tretend).
Du willst es nicht?

Alexis.
Ich sollte wie ein Übelthäter fliehn?
Verlassen meines Rußlands heil'gen Boden?
Nein, nein und ewig nein!

Peter
(heftig).
Was willst Du denn?

Alexis.
Nichts Unbescheidenes; ich will Gericht!

Peter.
Gericht? — — Du selber — —

Alexis.
Ich will Reichsgericht
Um — Rebellion und Hochverrat.

Peter.
Du rasest!

Alexis.
Vergieb, ich bin bei Sinnen! Diese Nacht
hat mich erzogen! In der Mutter Antlitz

Sah ich der Surie Blick. Der Vater steht
Bis an den Hals in Blut und höhnt den Sohn!
Ich faff' mich schaudernd an! Ward ich zum Hauch?
Nein, diese Sehnen sind ein zäh' Geweb'!
Es kommt der Tag, wo auch der Schwächste sich
Gerüstet fühlt. Die Menschen haben mich
Nicht sanft geführt;
Drum hat der Himmel meiner sich erbarmt
Und mündig mich gesprochen!
Zusammen bricht mein sterblich Teil! Der Geist
Schwebt siegreich über des Alexis Leiche!
Von allem Ird'schen bin ich losgelöst.
Nicht sehn' ich mich nach Euphrosinens Kuß!
Nicht dürst' ich nach der Luft, dem Licht der Welt;
Nicht schmacht' ich nach dem Sakrament des Herrn:
Ich sehne mich, ich dürste, schmachte, lechze
Nach einem Einz'gen nur: Gerechtigkeit!

Peter
(mit großer Wärme).

Alexis!

Alexis.

Großer Czar?

Peter
(eindringlich).

Besinne Dich!

Alexis.

Auf meine Ehre hab' ich mich besonnen.

Peter.
Nur meine Diener richten, Deine Feinde.

Alexis.
Mit tausend Feinden kämpf' ich um den Preis.

Peter.
Weshalb der Kampf, wenn Du so schuldlos bist?

Alexis.
Das soll verkündet werden aller Welt!

Peter.
Wahnsinniger! Ihr Wort wird lauten: Tod!

<small>(Hinter der Scene wird mit gedämpfter Stimme der letzte Vers des Toten-
liedes gesungen, immer schwächer und ferner verklingend, bis der
Vorhang fällt.)</small>

Alexis.
Die Schmach auf sie, die Ehre bleibt dem Toten!
Das Volk, emporgerüttelt, schwärmt für Die,
Die es im Leben nicht zu schützen wagte.

Peter.
Bei meinem Eid! Pochst Du auf Spruch und Recht,
Ist's auch für mich nur ein gemeiner Fall!
Ich bin zu Großmutsstreichen nicht gestimmt.

Alexis.
Ich bitte, Vater, spotte meiner nicht
Im Angesichte dieser ernsten Stunde!
Ein Sprosse Deines Blutes kann die Gnade,
Die armer Sünder Hoffnung, nur verachten.

Peter
(nach einer kleinen Pause).

Was giebt es noch zu sinnen? Jeder Russe
Darf fordern, daß vor seine Obrigkeit
Der Czar ihn stellte. Die Befugnis ward
Ja für den Sohn des Herrschers auch geschrieben.

(Peter wendet sich zum Abgang, bleibt aber stehen, bis der Vorhang gefallen;
er spricht mit großem Nachdruck:)

Gericht von Petersburg, nimm Deinen Gang!

(Alexis bleibt regungslos stehen. Die Musik verhallt.)

Der Vorhang fällt.

Fünfter Akt.

Großes Zimmer in der Festung. Im Hintergrunde mehr nach der linken Seite zu ein Alkoven, den ein Vorhang von dem Zimmer trennt. Der Vorhang ist aufgezogen. In dem Alkoven erblickt der Zuschauer den schlafenden Alexis auf dem Ruhebett. Im Hintergrunde nach der rechten Seite zu eine Mittelthür. Rechts im Vordergrunde ein großes Fenster. In der Nähe desselben ein Tisch und ein Sessel, doch so gestellt, daß der Zutritt zum Fenster frei ist; auf dem Tische liegen Bücher und eine Laute. Links ein Kamin mit einem niedern breiten Sims; darauf eine Uhr und zwei alte Vasen. Oberst Schepelew, leise durch die Mittelthür rechts mit einem gefüllten Weinbecher eintretend, wirft einen Blick auf den schlafenden Alexis und nähert sich dann dem Kamin.

1. Scene.

Schepelew. Alexis.

Schepelew.

Noch immer schläft der Prinz. O wäre dies
Sein Todesschlaf! Ich fürchte sein Erwachen.
(Alexis betrachtend.)
Da liegt der Leib, der eine Heldenseele
In sich verbirgt, und dieser Becher Wein,
Gewürzt von Menzikoff, soll ihn vernichten!
(Er stellt den Weinbecher auf den Sims des Kamins.)
Wie sprach er noch? Du tötest einen Toten.

Verdammen ihn die Richter, schreit das Volk.
Der Bürgerkrieg entbrennt, von dem allein
Des Prinzen rascher Tod uns retten kann.
Welch bitt'res Amt! O hätt' ich nie den Tag
So grauser Nötigung gesehn. Der Prinz
War mir ein gnädiger Gebieter; Gott,
Solch bied'rer, tapf'rer, ritterlicher Herr!
O wir Gefesselten der Macht! Wir müssen,
Wenn wir nicht selbst uns nutzlos opfern wollen.

Alexis
(erwacht).

Graut schon der Tag?
(Schepelew wendet sich erschrocken um.)
Wer weckt mich auf? Bist Du's,
Mein treuer Schepelew?

Schepelew
(sich fassend).

Ich bin es, Prinz.

Alexis
(sich vom Lager erhebend und in den Vordergrund kommend):

Du hast ein gut Gesicht. Die Ehrlichkeit
Blickt mich aus Deinen Augen an. Das thut
Der kranken Seele wohl wie Sonnenschein.
(an das Fenster tretend)
Dort wehen ja so viele Flaggen? Giebt's
Ein Fest? Für wen?

Schepelew.

Es sind nur Fischerkähne
Geschmückt zum heiligen Johannestag.

Alexis.

Die großen Segel auf den kleinen Nachen?
Auch wir entfalten voller Zuversicht
Gewaltig schwellende Segel allen Winden,
Doch ist das Boot, darin wir fahren, schmal.

Schepelew.

Ihr redet irr. Seid Ihr nicht wohl, mein Prinz?

Alexis.

Wild spiegelte der Geist verworr'ne Bilder
Den glüh'nden Sinnen vor. In dieser Nacht
Mußt' ich des armen Schwedenkönigs Erich
Und seiner Leiden denken. Von dem Vater
Ward er, dem Knechte gleich, im Joch gehalten.
So schwand ihm freudlos seine Jugend hin.
Genannt ein König, wollt' er König sein.
Die neiderfüllten Brüder und die Sturen
Verdrängten ihn vom Thron mit argen Ränken;
Und als er, wie ein Löwe, das Gezücht
Zornschnaubend niederwarf, da schlugen sie
In Bande seinen Leib. Und endlich mischten
Sie Gift in seinen Trank. (düster) So starb der König.

Schepelew.

Solch dunkle Träume schafft der Mond, mein Prinz.

Alexis
(nicht auf ihn hörend).

Und kaum ist der gekränkte Fürst verschieden,
So ändert Alles sich. Haß trennt die Brüder,
Nur Not erschlich der tückische Johann.
Zur Gruft des heiß zurückersehnten Toten
In Westerås, drängt sich das reu'ge Volk,
Von Thränen rosten die metall'nen Pforten.
Es lebt Erinn'rung über Gräbern auf,
Die Deckel springen von den Särgen ab
Und alle Frevel kommen an das Licht!
O welch ein teurer Trost ist die Geschichte!
Welch köstliche Arznei! Im Zeitensaal
Wird abgethan der Schleier jedem Trug,
Da blinzt verlegen aufgespreizter Stolz,
Da zeigt getrost die Unschuld ihre Wunden.

Schepelew.
Wollt Ihr nicht die Gedanken davon wenden?
Ihr regt Euch auf und brauchet Kraft. Verzeiht,
Wenn ich noch einmal Euer Herz bestürme.
Es giebt nur Eins, was allen Zwiespalt löste!
Ich wage kühnlich, es Euch frei zu sagen:
Gebt nach!

Alexis
(auffahrend).

Kennst Du so wenig mich? O glaube,
Gemeine Menschen leitet niedre Vorsicht,
Doch über Allem herrscht der edle Stolz.

Beim ew'gen Gott! Nachgeben werd' ich nie
In diesem heil'gen und gerechten Streit.

Schepelew.

Beklagenswerter Fürst!

Alexis.

Beklagenswert?
Euch ward das schlimm're Teil.

Schepelew.

Wem?

Alexis.

Dir, den Menschen,
Die draußen sind bis zu dem Czar. Du bist
Mir freundlich; warum hältst Du mich gefangen?

Schepelew.

Aus Furcht, mein Prinz. Der Czar, voll herben
Hohns,
Gab mir dies Amt, weil ich für Euch gekämpft.
Er weiß, so streng wahrt Keiner diese Schlüssel,
Als ich, weil ich verdächtig einst gewesen.

Alexis.

Gut. Und die Richter? Warum sinnen sie
Auf meinen Tod?

Schepelew.

Aus Furcht. Weil, wenn Ihr lebt,
Sie unter'm Schwert die Köpfe haben.

Alexis.

Richtig.

Doch Katharina, warum haßt sie mich
In ihrer süßen Maske?

Schepelew.

Nun — aus Furcht,
Sie könnte — höbe Euch die Zeit empor,
Den Platz verwechseln mit Eudoxien.

Alexis.

Recht!
(mit düstrem Nachdruck.)

Das wird auch Alles so geschehn. Zuletzt:
Der Czar, warum verfolgt er seinen Sohn?

Schepelew.

Aus Furcht, Ihr schleudert in das Nichts sein Werk.

Alexis.

Furcht also überall! Vom Czar zu Dir!
Kronfarbe Rußlands ist trübsel'ge Furcht.
Ich fürchte niemand, Dich nicht, nicht die Richter,
Nicht Katharina, nicht den Czar. Wer ist
Beklagenswert?
Ich bin der einz'ge Freie unter Euch!
(Alexis tritt an das Fenster.)

Schepelew
(für sich).

Es rieselt plötzlich eiskalt mir durch's Herz.
(mit einer hinweisenden Handbewegung nach dem Becher)
Noch könnt' ich dieses Armen Tod verhindern,
Doch seine Rettung hat er selbst verwirkt.
(laut zum Prinzen)
Vergebung, Prinz, ich muß Euch unterbrechen;
Die Wachen stehn im Hof und kommt der Czar
Und trifft mich hier —

Alexis.

        So geh', mein sanfter Wächter.
Bewahr' Du Deinem jetz'gen Herrn die Schlüssel;
Der künft'ge weiß, wie Du's gethan.
(Schepelew ab.)

2. Scene.

Alexis allein.

                Bei Gott,
Mein Vater ist ein armer, armer Mann.
Ich kann ihn nur bedauern. All' sein Leben
An ein Exempel ist's gesetzt. Sobald
Ein Mensch sich findet, der mit reiner Stirn
Ihm fest entgegen tritt — dann steht die Rechnung
Dem Rechner nicht mehr klar —

(Inzwischen ist Katharina verschleiert aufgetreten; Schepelew hat ihr die
Thür geöffnet und sich sogleich wieder entfernt.

3. Scene.

Katharina. Alexis.

(Als Alexis, sich umwendend, Katharina erblickt, wirft diese den Schleier
ab; er weicht erstaunt zurück.)

Alexis.

Allgüt'ger Himmel!
Welch eine Überraschung — Katharina?
Was führt Dich, Falsche, her zu mir? Hinweg!

Katharina.

Alexis, fasse Dich! Ich fühle wohl,
Daß mein Erscheinen Dich befremden muß,
Doch drängt die Stunde und zu Deinem Heil
Wagt ich entschlossen diesen schweren Gang.
Den Weg zur Rettung Dir zu zeigen komm' ich.

Alexis.

Du? Mir? Den Weg zur Rettung? Höhnst Du mich?
Giebt's hier Gefahr, so droht sie Dir allein.

Katharina.

Du bist von Sinnen, Thor! O höre mich.
Verloren bist Du, wie sich auch Dein Stolz
Dagegen bäumt.
(auf ihn zuschreitend)
Das Urteil ist gefällt.
Einstimmig lautet es auf Tod!

Alexis.

Auf Tod?
Die Blitze, die Du auf mich nieder schleuderst,

Gemahnen an ein ärmlich Feuerwerk,
Womit ein Gaukler Narr'n und Kinder schreckt.
Erfinde Bess'res, Lügnerin!

Katharina
(eindringlich).

Glaub' mir,
Ein einzig Mittel giebt es, Dich zu retten;
In innerster Bewegung fand ich's aus.
Ich selbst will mit dem Vater Dich versöhnen
Und Frieden stiften im entzweiten Haus.
Du stürzest reuig auf die Kniee vor ihm,
Du netzest seine Hand mit Kindeszähren,
Du schwörst Gehorsam ihm und Sohnesliebe,
Vertrauend seiner väterlichen Gnade.
Doch eile, eile, eh' die Zeit verrinnt!
(will ihn bei der Hand nehmen)

Alexis
(ihr rasch die Hand entziehend).

Nur Fürst und Fürstin gehen Hand in Hand!
Du bist die Gleißnerin, die mich betrügt;
Du legst die Falle, die zu gröblich ist;
Du hast verschwendet List und Heuchelei;
Ich glaub' Dir nicht!
(Er geht aufgeregt in den Hintergrund.)

Katharina
(für sich leidenschaftlich und rasch).

An diesem Starrkopf scheitert
All meine Kunst! O flammenvoller Haß

Gieb meinen Worten Kraft zur Überredung!
Er muß um Gnade flehen vor dem Czaren,
Das ist sein Sturz!
(wendet sich wieder dem Prinzen zu; dann laut)
Hör' mich zum letzten Mal!
Könnt' ich nur heucheln! Meinen Vorteil sucht' ich;
Was aber nützt Verstellung mir, mein Prinz?
Zu rühren hofft' ich Dich, ich meint' es gut.
Die Liebe sorgt um Folgen nicht. Entschließ',
Entschließ' Dich rasch! Beim Kreuz des Herrn!
           Ich sprach
Die Wahrheit. Folge mir!
(auf Alexis zugehend).

Alexis.

      Zudringlich auch?
Doch das ist Deinesgleichen stets. Rühmst Du
Der Wahrheit Dich, will ich kein Heuchler sein.
Zu andrer Stunde sagt' ich's gerne Dir
In fein'rer Art, doch heute bin ich nicht
Gelaunt zu Redekünsten. Darum mein' ich:
Im Schlechten gehe vorwärts, das vermagst Du!
Zwing' Dich zum Guten nicht! Der Weg dahin
Ist allzusteil für sündenschlaffe Füße.

Katharina.

Alexis, nein! Du kannst mich nicht beleid'gen!
Zu hoch steh' ich vor Dir. Ich warnte Dich,
Den eig'nen Feind, und gab Dir Lieb' für Haß.
Von solcher Großmut wird die Nachwelt reden.

Dein Haupt ist bald des Henkers Eigentum,
Doch auf dem meinen strahlet Rußlands Krone!
(Sie geht stolz ab.)

4. Scene.

Alexis (allein, Katharina höhnisch nachblickend).

Du angeputzte Königspuppe, geh!
Gott sei gelobt, daß die bedrückte Seele
Sich einmal Luft gemacht! Die Heuchlermaske
Riß ich Dir endlich ab. —
(Er tritt an das offene Fenster.)
O welch ein Friede!
Wie strömt vom Himmel gold'ne Sonnenfülle!
Wie eigenkräftig weht's vom Ufer her,
Als wollten Wind und Wellen mich noch grüßen
Von Dir, Geliebte, die der Sturm geknickt;
In diesem Strome fanden Dich die Fischer,
Geschmückt mit meinen letzten Liebesgaben.
Das rauhe Schicksal riß Dich früh hinweg.
Nichts blieb von Dir, Du Süße, als die Laute,
Mit der Du oft die Grillen mir verscheuchtest.
Wie klang doch jenes Lied, als ich zuerst
Dich einsam klagend an dem Ufer fand?
(Er nimmt die Laute und spielt einige Accorde darauf; dann spricht er:)

Ohne Tau und ohne Sonne
An dem öden Strande . . .
Traurig ohne den Geliebten
Ist's im weiten Lande.

O dieses Lied! Es löst mein Herz in Thränen
Und alte Zeiten leuchten vor mir auf.
Sie saß im kühlen Busch an einem Bach
Und netzt' im Wasser spielend ihre Süßchen;
Ich schritt des Wegs — da streifte mich ihr Blick
Und Rose ward nun Wange, Stirn und Hals.
Mich überlief ein Wonneschauer. Ja,
Es giebt Bezauberungen, die den Sinn
Des Menschen unwillkürlich plötzlich wandeln.
Sie lehrte mich das Leben wieder lieben
Und weckte mir Gefühle, die Natur
In uns'rer Brust mit reinem Stempel prägte.
O Du mein glanzumfloss'nes Heil'genbild,
Du schwebst als Engel schützend um mein Haupt;
Geboren bin ich unter eignem Zeichen
Und mich umwittert's oft wie Geisterhauch;
Nein, mein Verhängnis ist noch nicht erfüllt!

(Kurze Pause.)

5. Scene.

Der Vorige. Schepelew. Gleich darauf ein Reichsbote.

Schepelew.

Ich komm' in eil'ger Meldung, Prinz.

Alexis.

Was giebt's?

Schepelew.

Macht auf Besuch Euch jetzt gefaßt.

Alexis.

Besuch?
Wer stört den Träumer auf? Ist es der Czar?

Schepelew.
Nein, Prinz. Ein Bote ist's vom Reichsgericht.

Alexis
(aufgeregt).

Rasch! Führ' ihn her!

Schepelew.

Hier ist er schon.
(Der Reichsbote tritt mit dem Todesurteil ein.)

Alexis
auf den Boten zugehend).

Was ist's?
Hast Du mir Schlimmes anzukünd'gen? Ha!
Dein Auge blickt so düster. Sag', bin ich
Zum Tod verdammt?
Ihr habt so viel vom Tod mir vorerzählt,
Daß es kein Wunder ist, haucht er mich an.

Bote
(überreicht dem Alexis das Todesurteil).

Des Hofes Schlußurteil.

Alexis
(nimmt die Rolle).

Das gieng ja schnell.

Fürsorglich ließ es Menzikoff wohl schon
Vorher verfassen?
(zum Boten)
Bleib zur Hand. Doch nein,
Geh' nur!
(Der Bote zögert.)
Hast Du noch einen Auftrag, Freund?

Bote.
Der Czar ist auf dem Weg zu Euch.

Alexis
(bedeutet Beiden mit einem Wink sich zu entfernen).
Schon gut.
(Schepelew geht mit dem Boten ab.)

6. Scene.

Alexis allein. Er entfaltet die Rolle und liest das Urteil.

Ein höchst gerechter, wohlerwog'ner Schluß!
Moses und die Propheten und Apostel
Drin angeführt — und doch —
(Er wirft die Rolle heftig auf den Tisch.)
Ein Schandurteil!
An einem Nichts so bübisch mich zu fassen!
Hyänengierig in dem Staub zu wühlen
Und längst verweste Schuld hervor zu scharren!
O, das ist schlimmer als des Meuchlers Dolch!
(Mit erhobenen Armen zum Himmel gewendet:)
Barmherz'ger Himmel, lehrtest Du mich nicht,

Wer Deiner ew'gen Allmacht sich vertraut,
Den richten nur die Ew'gen? Höre mich!
Erleuchte meinen Geist, zeig' mir den Weg,
Der mich aus diesem Labyrinthe führt,
Lass' mich in meinem Jammer nicht verzweifeln!

(Er bricht zusammen; kleine Pause; dann erhebt er sich wieder.)

Rief da nicht eine Stimme meinen Namen?
Ruft sie nicht wieder? Horch! sie ruft: Alexis,
Glaub an die Menschen noch um meinetwillen!
Hab' Dank für diesen himmelvollen Gruß
Aus jenen Sphären, wo Du meiner harrst,
Du holdes Kind! O lass uns frohen Brauch
Geschied'ner Freunde üben. Jeder Bund
Der reinen Liebe ward im Kelch besiegelt.
Auch uns're Seelen schlossen einen Bund
Und freudig weih' ich Dir den vollen Kelch!

(Er nimmt den gefüllten Becher vom Kamin und trinkt; nach einer kleinen
Pause spricht er:)

Ist das ein Zaubertrank? Wie rollt das Blut
Mir plötzlich schnell und schneller durch die Adern,
Wie glühen meine Sinne! Trank ich Gift?

(Den Becher wegwerfend und dem Fenster zuwankend:)

O Himmel, welcher Teufel hat's gewagt?
Ich frage noch? Wer kann der Teufel sein,
Als Menzikoff? Doch nein, ich fluch Dir nicht!
Das Böse wandte mir ein Gott zum Heil.
Jetzt bist Du frei, mein Geist! Willkommen, Tod!
Du nahst mir, wie ein ernster Waffenbruder;

Ich folge Dir — mich trägt's empor — empor.
Allmächt'ger, schenk' dem Vater Frieden — Frieden!
(Er sinkt sterbend in den Sessel, macht aber den Eindruck eines ruhig
Schlafenden.)

7. Scene.

(Nach einer Pause erscheint Czar Peter in Begleitung des Oberst Gordon
mit mehreren Offizieren. Schepelew öffnet die Thür; der Czar bleibt zu
Anfang mehr im Hintergrunde stehen.)

Peter.

Alexis — Nun? Empfängst Du so den Czaren?
Hat Dich der Spruch der Richter überwältigt?
Glaubst Du, ich dulde solche Schande? Nein!
Ich bin der höchste Richter! Dieses Urteil
Werf' ich in Fetzen ihnen vor die Füße!
(näher zu Alexis tretend)
Mein Sohn, Du schläfst? Jetzt ist nicht Zeit dazu.
(ihm auf die Schulter klopfend)
Wach auf, mein Sohn!

Schepelew
(entsetzt den leeren Becher am Boden erblickend).

Er schläft den Todesschlaf.
Mein Amt ist aus. Ich übergeb' den Prinzen
Den Händen Eurer Majestät.

Peter
(erschüttert).

Mein Sohn
Ist tot? Ist tot? Nein, nein, es darf nicht sein!
(Alexis näher betrachtend)

Ihr Ew'gen! Er ist tot! — Zum ersten Mal
Gebar ihn mir die Mutter unter Jubel
Und Freudenschrei des Volks. Zum zweiten Mal
Gebiert der Kerker schweigend mir den Sohn.
(düster vor sich hinsprechend)
Halt an Dich, Herz! Mich überläuft ein Grauen —
Mir fehlt ein Stück zu einem großen Mann.
Ich hab den Sohn, mein eigen Fleisch und Blut
Verkannt —

Gordon.

Mein Czar, hier ist ein Mord gescheh'n.

Peter
(sich rasch fassend, mit Hoheit):

Ein Mord? Wer spricht von Mord? Hier ist kein
Mord!
Es soll verkündet werden allem Volk:
Am Herzschlag starb Alexis Romanow.
(Mit befehlender Handbewegung bleibt Peter bis zum Fallen des Vorhangs
unbeweglich stehen.)

Der Vorhang fällt.

Ende.

Musikbeilage:

Todeslied der Bojaren.